工程经济学
习题集及解析

黄有亮 编著

东南大学出版社

内容提要

本书作为东南大学出版社的《工程经济学》和《土木工程经济分析导论》两本教材的配套指导用书和习题集,一方面阐述了工程经济学主干内容的知识点及相互之间的理论逻辑,梳理各章学习的重点与难点;另一方面对两本教材的主要习题给出详细的分析和解答,同时增加了一定量有难度的习题,并给出单独一章的综合性应用问题及解析。通过本书的学习和解题训练,读者对工程经济学的原理和方法将有更为透彻深入的理解,同时也将在很大程度上提高解题技巧与方法,并增强解决综合性应用问题的能力。

本书可作为高等院校各专业学生学习工程经济学课程的教辅资料,也可作为硕士研究生入学考试中"工程经济学"科目的重要参考资料和解题训练手册。

图书在版编目(CIP)数据

工程经济学习题集及解析 / 黄有亮编著. —南京:东南大学出版社,2016.11(2022.9重印)
ISBN 978-7-5641-6858-2

Ⅰ. ①工… Ⅱ. ①黄… Ⅲ. ①工程经济学—高等学校—教学参考资料 Ⅳ. ①F062.4

中国版本图书馆 CIP 数据核字(2016)第 278374 号

东南大学出版社出版发行
(南京市四牌楼2号 邮编210096)
江苏省新华书店经销 广东虎彩云印刷有限公司印刷
开本:700 mm×1000 mm 1/16 印张:13.75 字数:324 千字
2016 年 11 月第 1 版 2022 年 9 月第 3 次印刷
印数:5 501—6 500 册 定价:35.00 元

(若有印装质量问题,请与营销部联系。电话:025-83791830)

修 订 说 明

我国全面实施"营改增"税制改革后,企业会计处理发生了一些变化,继而对工程经济要素和财务评价报表的构成及评价指标计算产生了影响。为此,东南大学出版社组织作者修订并于 2021 年、2022 年分别出版了《工程经济学》第 4 版和《土木工程经济分析导论》第 2 版。本书作为两本教材的配套指导用书和习题集,也进行了相应修订。

作者

2022 年 9 月

前　言

工程经济学是工科类、管理类专业普遍开设的一门课程。笔者主编的由东南大学出版社出版的《工程经济学》(第1版～第3版)和《土木工程经济分析导论》,被许多高等院校作为土木工程、工程管理等专业的工程经济学教材。一些读者向出版社或笔者提出,希望能有一本配套的习题集,教材责任编辑曹胜玫老师也一直竭力促成此事。经过几年的教学工作积累,终于完成了习题集的编撰。

本习题集是按工程经济学主要知识模块进行编排架构的,前9章分别为资金时间价值计算、工程经济要素、工程经济性判断指标、多方案的经济性比较与选择、投资项目财务分析、投资项目费用效益分析、不确定性分析与风险分析、价值工程及设备选型与更新分析,第10章为综合应用题。每章又分为学习指导、习题与习题解析三个部分。学习指导部分主要是阐述本章与其他章节知识模块逻辑关系、本章应学习的主要知识点(也是本章习题涉及的范围)、学习重点和难点等。习题部分除了上述两本教材的相关章节的主要习题外,还增加了一些有难度的习题;第10章的习题则是需要应用前9章中两个或两个以上章节的知识才能解决的综合应用性问题。习题解析部分则对本章的每个习题给出较为详细的解答过程,并说明解答的理论依据。

本习题集的主要特点：

(1) 本习题集没有采用传统的填空、名词解释、选择、是非判断或简答题等以考查基本概念和理论掌握程度为目的的题型,而是以计算题、分析题和案例题等题型为主。这并不是说基本概念和理论不重要,也不是不需要考查这些内容,而是将基本概念掌握程度考查融入到计算题、分析题或案例题中,既有助于读者对基本概念和理论的深入理解,也训练了读者应用基本理论分析工程经济问题的能力。

(2) 本习题集收录的习题,多数是生活或生产实践中所涉及的经济问题,具有一定的工程技术和社会经济背景,需要读者能根据复杂的实际问题特点,从工程经济学原理中找到有效解决问题的模型或方法,进行相应的计算和分析。

(3) 本习题集对收录习题的解答不是简单地给出答案,绝大多数题目有详细的解答过程,并且说明了解答所依据的原理、解题的技巧和思路,有些题目给出了多种不同的解法。通过本书的学习,读者不仅可以温习巩固工程经济学的基础理论与知识,而且可以提高自己的解题技巧和解决开放性问题的能力。另外,本书部分习题是采用电子表格计算的,可能会存在个位数进位上的差异和出入,但不影响经济分析的结论,可忽略。

本书可作为高等院校工程经济学课程教学辅助材料,以及各类专业本科和专科学生学习工程经济学课程的参考资料,尤其适用于对工程经济学的提升性和研究性学习,可作为研究生入学考试中"工程经济学"科目的重要辅导资料和解题训练手册。本书也可作为参加全国工程建设各类工程师(如投资咨询工程师、结构工程师、建筑师、监理工程师、建造师、造价工程师等)执业资格考试的参考书。

虽然笔者对本书收录的习题给出了独立的解答,但并不是所有的习题都属于笔者原创。有些题目源于上述两本教材中各章节主要的习题,有些题目源于或改编于国内一些重要教材或国外著名教材中的典型习题。绝大多数的题目素材来源已在本书参考文献中列出,如有遗漏,请与出版社联系,以给我弥补过失的机会。在此,我谨向这些素材的所有者、作者或译者表示衷心的感谢。同时,对那些曾经参与过我讲授的工程经济学课程的学生们表示感激,正是你们的疑问和提问让我获得了题目设计灵感,也是因为你们在作业或考试中对问题的聪明解答,让我找到了新的解题思路。此外,感谢我的几位硕士研究生,他们对各章习题解答进行了校验和修正,他们分别是朱剑文(第1、2、3章)、袁雅(第4章)、钱锐(第5、8章)、朱钰(第6、7章)、吴天宝(第9章)和丁彦月(第10章)。最后,我要向为本书出版付出心血的东南大学出版社编辑们致以真诚的谢意。

书中不足之处,恳请读者和专家予以批评指正。本书专用电子邮箱:ceea_it@163.com。

黄有亮

2016年8月

目 录

1 资金时间价值计算 …………………………………………… （ 1 ）
    学习指导 ………………………………………………………… （ 1 ）
    习题 ……………………………………………………………… （ 1 ）
    习题解析 ………………………………………………………… （ 6 ）

2 工程经济要素 ………………………………………………… （17）
    学习指导 ………………………………………………………… （17）
    习题 ……………………………………………………………… （17）
    习题解析 ………………………………………………………… （20）

3 工程经济性判断指标 ………………………………………… （27）
    学习指导 ………………………………………………………… （27）
    习题 ……………………………………………………………… （27）
    习题解析 ………………………………………………………… （30）

4 多方案的经济性比较与选择 ………………………………… （38）
    学习指导 ………………………………………………………… （38）
    习题 ……………………………………………………………… （38）
    习题解析 ………………………………………………………… （49）

5 投资项目财务分析 …………………………………………… （76）
    学习指导 ………………………………………………………… （76）
    习题 ……………………………………………………………… （76）
    习题解析 ………………………………………………………… （80）

6 投资项目费用效益分析 ……………………………………… （112）
    学习指导 ………………………………………………………… （112）
    习题 ……………………………………………………………… （112）

习题解析 …………………………………………………………（117）

7　不确定性分析与风险分析 ……………………………………（123）
　　学习指导 …………………………………………………………（123）
　　习题 ………………………………………………………………（123）
　　习题解析 …………………………………………………………（125）

8　价值工程 ………………………………………………………（138）
　　学习指导 …………………………………………………………（138）
　　习题 ………………………………………………………………（138）
　　习题解析 …………………………………………………………（142）

9　设备选型与更新分析 …………………………………………（149）
　　学习指导 …………………………………………………………（149）
　　习题 ………………………………………………………………（150）
　　习题解析 …………………………………………………………（153）

10　综合应用 ……………………………………………………（173）
　　学习指导 …………………………………………………………（173）
　　习题 ………………………………………………………………（173）
　　习题解析 …………………………………………………………（184）

参考文献 …………………………………………………………（212）

1 资金时间价值计算

 **学习指导**

在经济学里,资本(资金)被视为用来创造更多财富的财产,而工程经济分析一般会涉及资本(资金)投入,所以需要考虑时间因素的影响效果,即资本(资金)的时间价值。本章阐述了资金时间价值理论和计算方法,为后面各章的工程经济问题提供了最基础、最重要的分析工具。利息计算既是工程经济学学习的起步,也是对工程经济思维的初步训练。

本章的知识要点包括:
(1) 资金时间价值和利率及利息的概念;
(2) 单利、复利计算公式;
(3) 现值、终值和年值概念及资金等值原理;
(4) 现金流量图的绘制;
(5) 一次支付、等额支付系列、梯度支付系列、等比支付系列现金流量的现值、终值及年值计算;
(6) 各类公式系数、系数名称及简记符号;
(7) 名义利率、有效利率的概念及换算公式。

其中,重点是资金时间价值计算、现金流量图的绘制和资金等值原理,难点是应用各类公式时所计算出的现值、终值或年值所在的时点和位置,所以理解教材中有关各类资金时间计算公式所依据的现金流量图是非常重要的。因而在本章学习中,读者应明确一个非常重要的概念,即无论哪类资金时间计算,本质上都是资金等值换算过程。

 **习 题**

1.1 已知年利率为 12%,下列终值的等额支付为多少?
(1) 按年计息,每年年末支付一次,5 年末积累金额 20 000 元;
(2) 按年计息,每年年初支付一次,5 年末积累金额 20 000 元;
(3) 按半年计息,每年年末支付一次,5 年末积累金额 20 000 元。

1.2 已知年利率为 12%,下列现值的等额支付为多少?

(1) 借款 20 000 元,得到借款后第一年年末开始,每年年末等额还款,5 年末还清,按年计息;

(2) 借款 20 000 元,得到借款后的第一个季度季末开始,每季季末等额还款,5 年末还清,按季计息。

1.3 一笔 10 000 元借款,得到借款后第 5 年末需要还清,年利率 10%,按年计息。分别计算以下 4 种还款方式下的各年还款额、各年还款额中的本金和利息、5 年总还款额的现值和终值。

(1) 5 年中不还款,第 5 年年末一次性还清本息;

(2) 每年年末等额还本,利息当年结清;

(3) 每年年末等额还款(含本息);

(4) 每年结清利息,本金在第 5 年年末一次性偿还。

1.4 A 公司以年利率 12%、按季计息的方式,从 B 银行取得 3 000 万元建设贷款,投资建设 C 项目。C 项目建设期预计为三年,从第一年年初开始动工。B 银行贷款从第一年开始,每年年初发放 1 000 万元。

(1) 计算到项目预计竣工日,A 公司在该项目上对 B 银行的欠款总额(假设建设期的 3 年不支利息,本息累计)。

(2) 如果 B 银行要求 A 公司在项目投产后的第 3 年开始(假设前 3 年未支付利息),分季度等额偿还本息,每季季末还款,5 年还清,则 A 公司每季季末应还多少?

1.5 某企业与某专利所有者签订了一项 15 年专利使用权协议,15 年的专利使用费 120 万元。按协议,需首付 30 万元,剩余 90 万元款项在最初的 5 年内每半年支付 2 万元,第二个 5 年内每半年支付 3 万元,第三个 5 年内每半年支付 4 万元。设年利率 10%,半年计息,如果企业拟一次性付清专利使用费,则应该支付多少万元?

1.6 如图 1.1 所示的现金流量图,在下列两种情况下分别计算 A。

(1) 已知:$(F/P, i, N) = 5$;

(2) 已知:$(F/A, i, N) = 50$。

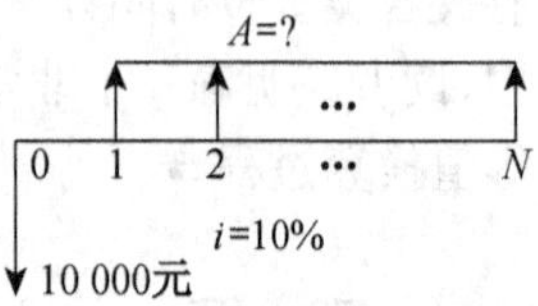

图 1.1

1.7 政府一次性给予某高新技术项目一笔 1 000 万元无息贷款,5 年后每年年末等额偿还,5 年还清。显然,政府免收利息实际上是对该项目的一种补贴。若年利率为 10%,问这种补贴按现值计是多少?

1.8 王小二从大学刚毕业,找到了一份年薪 50 000 元的工作,预计前 5 年的薪水没有太大变化,第 6 年开始的年薪将会达到 70 000 元。他在大学期间进修了工程经济学,因此他想用学过的知识为自己制订一份未来10年的财务计划:①他首先要考虑在前5年内偿还大学4年的助学贷款共计20 000元,在校期间利息由政府财政补贴,毕业后由贷款人(学生)承担,年利率6%,按月计息,每月等额偿还本金和利息。②其次,他要考虑在10年后能攒下足够的钱付首付款,在10年后能买一套舒适的小套房。③他还要考虑10年中需要租房居住,年租金10 000元;每年其他生活开支约8 000元。④他的父母提醒他,他真正能支配的收入并没有那么多,要扣除掉个人所得税、养老金、住房公积金等,实际到手的钱大约只有年收入的80%。王小二每年的净收入可以进行投资,假设年投资收益率为10%。

(1) 他前5年每月还款额是多少?

(2) 在10年末,他将积攒下多少钱来支付购房首付款?

1.9 某城市供水部门与一大型工业企业签订了一份供水协议,协议规定:供水部门扩建其供水和给水管网系统,为企业提供为期十年的供水服务,前5年供水费用立即支付,后5年供水费用每年500万元在每年年初支付。在该供水设施运行2年后,供水部门遭遇到资金不足的问题,希望该企业能够立时一次性支付余下的全部合同费用,助其摆脱财务困境。假设双方可接受的合同约定的利率是10%,这笔支付款应是多少?

1.10 某银行可以给该行信用卡持有人在规定的宽限期(免息,宽限期截止前归还透支款)后最多3个月的一定额度资金透支,但透支资金按年利率12%、月计息方式计取利息。

(1) 该信用卡透支资金的年有效利率是多少?

(2) 某客户透支了10 000元,宽限期内未还款,超过宽限期后的一个月归还了2 000元,两个月后归还了3 000元,那么他在第3个月时应归还多少钱?

1.11 一笔分期支付的款项:每季季末支付1 000元,支付期5年。按月计复利,5年末的本利和为57 275元。请计算月利率、年有效利率和年名义利率。(提示:利用复利系数表)

1.12 某企业目前正在筹集一笔900万元的贷款,用于一个新专利产品的生产。由于该产品畅销、市场前景良好,某银行有意向给予一笔特别授信贷款,额度为未来5年的该产品订单金额现值的70%。未来5年订单销售量见表1.1。设产品的售价为100元/件,年利率取10%。试确定该银行给予的贷款是否满足企业的需要。

表1.1

年份	1	2	3	4	5
订单销售量(件)	50 000	40 000	30 000	20 000	10 000

1.13 某人现拟以1 000万元的价格购入某预售写字楼楼盘的一层用于出租经营。已知楼价款在2年内分3次支付(第1年年初、第1年年末、第2年年末),比例分别为20%、20%和60%。第3年年初投入200万元装修后即可出租,预计当年的租金收入为120万元、经营成本为20万元(均设为年末发生),并在此后的17年内租金平均每年的上涨率为8%、经营成本每年比前一年增加2万元。他准备在20年末转售,转售价格为800万元,另要发生50万元的转售费用。不考虑税收因素,设其投资收益率为10%,分别计算其所有收入的现值和所有支出的现值。

1.14 某公司购买了一台机器,购置费用20万元,估计能使用20年,20年末的残值为20 000元,运行费用(维护维修费、燃料动力费等)每年10 000元,每5年要大修一次,费用为40 000元。设年利率10%,试求机器的年等值费用。

1.15 证明下列等式:
(1) $(P/A, i, n) = (P/A, i, n-1) + (P/F, i, n)$
(2) $(A/P, i, n) - i = (A/F, i, n)$
(3) $(F/A, i, n) + (F/P, i, n) = (F/A, i, n+1)$

1.16 如图1.2所示的现金流量图,年名义利率为k,年计息周期数为M,从第2年开始每年年末的现金流为R。

(1) 证明这一系列现金流R的终值$S = R \times \dfrac{\left(1+\dfrac{k}{M}\right)^{M \times N} - 1}{\left(1+\dfrac{k}{M}\right)^{M} - 1}$。

(2) 若$M = 1$,则该系列现金流R的现值为多少?

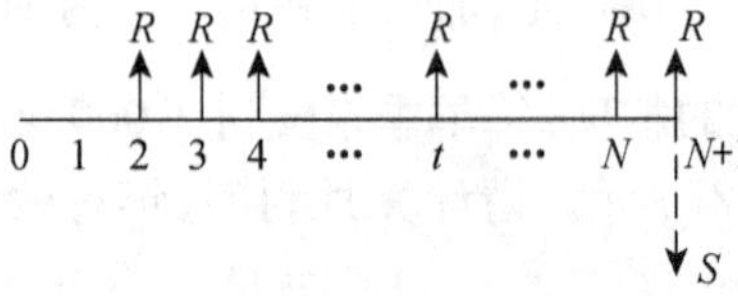

图1.2

1.17 如图1.3所示现金流量图,1~n年末现金流以相同的环比增长率s增长,在利率为i时,其n年的现金流量的现值之和为$P = A \times \dfrac{1}{i-s}\left[1 - \dfrac{(1+s)^n}{(1+i)^n}\right]$。

此式是在$i \neq s$的情况下推出的,试证明:
(1) 当$i = s$时,
$$P = A \times \frac{n}{1+s}$$

$$X = 200 \times (P/A, 10\%, 5) \times (P/F, 10\%, 5) = 470.74(万元)$$

则补贴的现值为

$$1\,000 - 470.74 = 529(万元)$$

1.8 解:

(1) 现金流量图如图 1.10 所示。

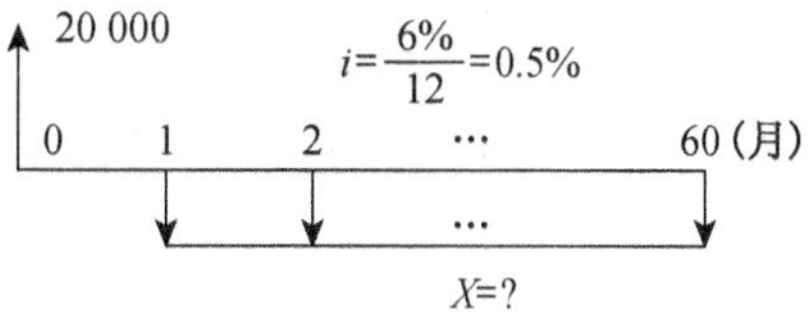

他前 5 年每月还款额为

$$X = 20\,000 \times \frac{i(1+i)^{60}}{(1+i)^{60}-1} = 387(元)$$

(2) 首先要确定他前 10 年每年的节余收入(净收入)(表 1.3):

图 1.10

表 1.3

年份	1	2	3	4	5	6	7	8	9	10
收入	①40 000	40 000	40 000	40 000	40 000	②56 000	56 000	56 000	56 000	56 000
支出	③4 640	4 640	4 640	4 640	4 640					
	10 000	10 000	10 000	10 000	10 000	10 000	10 000	10 000	10 000	10 000
	8 000	8 000	8 000	8 000	8 000	8 000	8 000	8 000	8 000	8 000
收入节余	17 360	17 360	17 360	17 360	17 360	38 000	38 000	38 000	38 000	38 000

表中,① 50 000×80%=40 000

② 70 000×80%=56 000

③ 387(386.656)×12=4 640

每年年末的节余收入折算到 10 年终值求和即可($i=10\%$),即他在 10 年末积攒的购房资金为

$$17\,360 \times \frac{(1+i)^5-1}{i} \times (1+i)^5 + 38\,000 \times \frac{(1+i)^5-1}{i} = 402\,683(元)$$

1.9 解: 现金流量图如图 1.11 所示,这笔支付款为图中所要计算的 x 值。

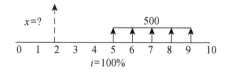

图 1.11

$$x = 500(P/A, 10\%, 5)(P/F, 10\%, 2) = 1\,566(万元)$$

1.10 解:

(1) 年有效利率

$$\left(1+\frac{12\%}{12}\right)^{12}-1=12.68\%$$

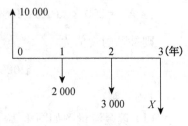

图 1.12

(2) 还款现金流量图如图 1.12 所示:
第 3 个月应归还数额为

$$X = 10\,000(1+1\%)^3 - 2\,000(1+1\%)^2 - 3\,000(1+1\%)$$
$$= 5\,233$$

1.11 解:

(1) 计算季有效利率

$$1\,000 \times (F/A, i_{\text{eff}}^q, 5\times 4) = 57\,275$$

查 10% 复利系数表,可得 $i_{\text{eff}}^q = 10\%$

(2) 计算年有效利率

$$(1+i_{\text{eff}}^q)^4 - 1 = (1+10\%)^4 - 1$$
$$= 1.464\,1 - 1 = 46\%$$

(3) 计算月有效利率

$$(1+i_{\text{eff}}^m)^3 - 1 = 10\%$$

得 $i_{\text{eff}}^m = 3.23\%(3.228\%)$

(4) 计算年名义利率

$$i_{\text{eff}}^m \times 12 = 38.76\%(38.74\%)$$

1.12 解:

(1) 计算出每年订单金额(表 1.4):

表 1.4

年份	1	2	3	4	5
订单销售量(件)	50 000	40 000	30 000	20 000	10 000
售价(元/件)	100	100	100	100	100
订单金额(万元)	500	400	300	200	100

(2) 现金流量图如图 1.13 所示,计算订单金额现值:

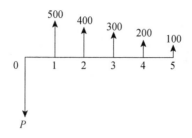

图 1.13

方法一：

$P = 500(P/A, 10\%, 5) - 100(F/G, 10\%, 5)(P/F, 10\%, 5) = 1\,209$

方法二：

$P = 500(P/F, 10\%, 1) + 400(P/F, 10\%, 2) + 300(P/F, 10\%, 3)$
$\quad + 200(P/F, 10\%, 4) + 100(P/F, 10\%, 5)$
$= 1\,209$

（3）授信贷款额度为 $1\,209 \times 70\% = 846$（万元），不能满足企业需要。

1.13 解：

现金流量图如图 1.14 所示。此题计算时，要特别注意等额梯度系列现金流量现值计算的年数。

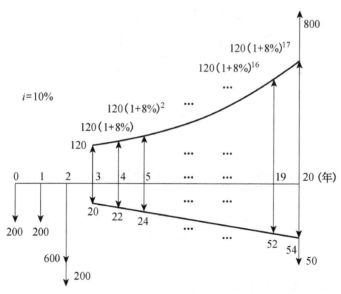

图 1.14

收入的现值为

$$P_{in} = 120 \times \frac{1}{10\% - 8\%}\left[1 - \frac{(1+8\%)^{18}}{(1+10\%)^{18}}\right] \times (P/F, 10\%, 2)$$
$$+ 800(P/F, 10\%, 20)$$
$$= 1\,514$$

支出的现值为

$$P_{out} = 200 + 200 \times (P/F, 10\%, 1) + (600 + 200)(P/F, 10\%, 2) + 20$$
$$\times (P/A, 10\%, 18)(P/F, 10\%, 2) + 2$$
$$\times (F/G, 10\%, 18)(P/F, 10\%, 20)$$
$$+ 50 \times (P/F, 10\%, 20)$$
$$= 1\,268$$

这里再深入分析一下,因为 $P_{in} > P_{out}$,所以其投资是合算的。事实上,$(P_{in} - P_{out})$ 值有特定的经济含义,即在后面章节中将会学到的"净现值"概念。

1.14 解:

此题的关键是大修的次数,大修次数为 3 次($20/5 - 1 = 3$),使用期末不必再大修。现金流量图如图 1.15 所示。

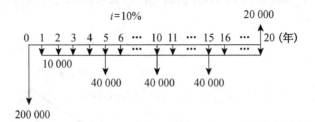

图 1.15

则

$$A = 200\,000(A/P, 10\%, 20) + 10\,000$$
$$+ [4\,000(P/F, 10\%, 5) + 4\,000(P/F, 10\%, 10)$$
$$+ 4\,000(P/F, 10\%, 15)](A/P, 10\%, 20)$$
$$- 20\,000(A/F, 10\%, 20)$$
$$= 39\,004$$

即该机器的年等值费用为 39 004 元。

1.15 **证明：**

(1)

$$(P/A, i, n-1) + (P/F, i, n) = \frac{(1+i)^{n-1}-1}{i(1+i)^{n-1}} + \frac{1}{(1+i)^n}$$

$$= \frac{(1+i)^{n-1}-1}{i(1+i)^{n-1}} \times \frac{(1+i)}{(1+i)} + \frac{1}{(1+i)^n}$$

$$= \frac{[(1+i)^n-1]-i}{i(1+i)^n} + \frac{1}{(1+i)^n}$$

$$= \frac{(1+i)^n-1}{i(1+i)^n} = (P/A, i, n)$$

(2) $(A/P, i, n) - i = \frac{i(1+i)^n}{(1+i)^n-1} - i = \frac{i(1+i)^n - i(1+i)^n + i}{(1+i)^n-1}$

$$= \frac{i}{(1+i)^n-1} = (A/F, i, n)$$

(3) $(F/A, i, n) + (F/P, i, n) = \frac{(1+i)^n-1}{i} + (1+i)^n$

$$= \frac{[(1+i)^n-1]+i(1+i)^n}{i}$$

$$= \frac{(1+i)^{n+1}-1}{i}$$

$$= (F/A, i, n+1)$$

1.16 **解：**

(1) 因为年有效利率 $i = \left(1+\frac{k}{M}\right)^M - 1$

所以 $S = R \times \frac{(1+i)^N-1}{i} = R \times \frac{\left[1+\left(1+\frac{k}{M}\right)^M-1\right]^N-1}{\left(1+\frac{k}{M}\right)^M-1}$

$$= R \times \frac{\left(1+\frac{k}{M}\right)^{M \times N}-1}{\left(1+\frac{k}{M}\right)^M-1}$$

(2) 若 $M=1$，显然年名义利率就是有效利率，所以

$$S = R \times \frac{(1+k)^N-1}{k}$$

则该系列现金流的现值

$$P = S \times \frac{1}{(1+k)^{N+1}} = R \times \frac{(1+k)^N - 1}{k} \times \frac{1}{(1+k)^{N+1}}$$

$$= R \times \frac{(1+k)^N - 1}{k(1+k)^{N+1}}$$

1.17 解：

(1) 当 $i = s$ 时，

$$P = \frac{A}{1+i} + \frac{A(1+s)}{(1+i)^2} + \frac{A(1+s)^2}{(1+i)^3} + \cdots + \frac{A(1+s)^{n-1}}{(1+i)^n}$$

$$= \frac{A}{1+i} + \frac{A}{1+i} + \frac{A}{1+i} + \cdots + \frac{A}{1+i} = \frac{nA}{1+i} = A \times \frac{n}{1+s}$$

(2) 当 $s = 0$ 时，

$$P = A \times \frac{1}{i-s}\left[1 - \frac{(1+s)^n}{(1+i)^n}\right] = A \times \frac{1}{i}\left[1 - \frac{1}{(1+i)^n}\right]$$

$$= A \times \frac{(1+i)^n - 1}{i(1+i)^n} = A(P/A, i, n)$$

1.18 解：

(1) 把现金流量分解为等额支付系列(图 1.16(a))和梯度系列两块(图 1.16(b))。

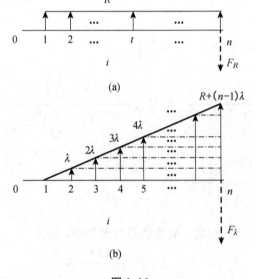

图 1.16

(2) 等额支付系列 R 部分(图 1.16(a))

$$F_R = R(1+i)^{n-1} + R(1+i)^{n-2} + \cdots + R(1+i)^{n-t} + \cdots + R$$
$$= R[(1+i)^{n-1} + (1+i)^{n-2} + \cdots + (1+i)^{n-t} + \cdots + 1]$$
$$= R \times \frac{(1+i)^n - 1}{i}$$

(3) 梯度 λ 支付系列部分,有两种解法。

解法 1:

可再分解为 $(n-1)$ 个 λ 等额支付系列(图 1.16(b)),
有

$$F_\lambda^1 = \lambda \times \frac{(1+i)^{n-1} - 1}{i};\ F_\lambda^2 = \lambda \times \frac{(1+i)^{n-2} - 1}{i};\ \cdots;$$
$$F_\lambda^{n-2} = \lambda \times \frac{(1+i)^2 - 1}{i};\ F_\lambda^{n-1} = \lambda \times \frac{(1+i) - 1}{i} = \lambda$$

则

$$F_\lambda = F_\lambda^1 + F_\lambda^2 + \cdots + F_\lambda^{n-2} + F_\lambda^{n-1}$$
$$= \lambda \times \frac{(1+i)^{n-1} - 1}{i} + \lambda \times \frac{(1+i)^{n-2} - 1}{i} + \cdots + \lambda \times \frac{(1+i)^2 - 1}{i}$$
$$+ \lambda \times \frac{(1+i) - 1}{i}$$
$$= \frac{\lambda}{i}[(1+i)^{n-1} + (1+i)^{n-2} + \cdots + (1+i)^2 + (1+i) - (n-1)]$$
$$= \frac{\lambda}{i}\{[(1+i)^{n-1} + (1+i)^{n-2} + \cdots + (1+i)^2 + (1+i) + 1] - n\}$$
$$= \frac{\lambda}{i}\left[\frac{(1+i)^n - 1}{i} - n\right]$$

解法 2:

$$F_\lambda = \lambda(1+i)^{n-2} + 2\lambda(1+i)^{n-3} + 3\lambda(1+i)^{n-4} + \cdots$$
$$+ (n-2)\lambda(1+i) + (n-1)\lambda$$

上式两边同乘 $(1+i)$,得

$$(1+i)F_\lambda = \lambda(1+i)^{n-1} + 2\lambda(1+i)^{n-2} + 3\lambda(1+i)^{n-3} + \cdots$$
$$+ (n-2)\lambda(1+i)^2 + (n-1)\lambda(1+i)$$

后式减前式,得

$$iF_\lambda = \lambda(1+i)^{n-1} + \lambda(1+i)^{n-2} + \lambda(1+i)^{n-3} + \cdots + \lambda(1+i)^2 + \lambda(1+i) - (n-1)\lambda$$
$$= [\lambda(1+i)^{n-1} + \lambda(1+i)^{n-2} + \lambda(1+i)^{n-3} + \cdots + \lambda(1+i)^2 + \lambda(1+i) + \lambda] - n\lambda$$
$$= \lambda \times \frac{(1+i)^n - 1}{i} - n\lambda$$

则

$$F_\lambda = \frac{\lambda}{i} \times \frac{(1+i)^n - 1}{i} - \frac{n\lambda}{i} = \frac{\lambda}{i} \times \left[\frac{(1+i)^n - 1}{i} - n\right]$$

(4) 因此

$$F = F_R + F_\lambda$$
$$= R \times \frac{(1+i)^n - 1}{i} + \frac{\lambda}{i}\left[\frac{(1+i)^n - 1}{i} - n\right]$$
$$= R(F/A, i, n) + \frac{\lambda}{i}[(F/A, i, n) - n]$$
$$= \left(R + \frac{\lambda}{i}\right)(F/A, i, n) - \frac{n\lambda}{i}$$

1.19 解:

解法1:以 $-G$ 代入到梯度系列公式中可得。

解法2:可通过现金流分解为图1.17所示的现金流量,现金流入与现金流出叠减就是原现金流量。对图中现金流入现金流量部分采用等额支付系列公式求出现值,现金流出现金流量部分采用梯度系列公式求出现值,两者相减即可求出现值;年值同理。

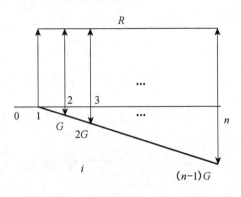

图 1.17

$$P = \left(R - \frac{G}{i}\right) \times \frac{(1+i)^n - 1}{i(1+i)^n} + \frac{nG}{i(1+i)^n}$$

$$A = R + G\left[\frac{n}{(1+i)^n - 1} - \frac{1}{i}\right]$$

2 工程经济要素

在第1章中,资金时间价值计算离不开现金流量,而现金流量则是由一系列工程经济要素,如成本、收入等所构成的。工程经济分析的首要环节就是要识别和确定所分析方案的经济要素及估计、预测经济要素的大小。

本章的知识要点包括:
(1) 工程经济要素构成;
(2) 投资的概念、建设项目投资的构成及其与形成的资产的关系;
(3) 总成本、经营成本、可变成本与固定成本等各自之间的区别与联系;
(4) 边际成本与平均成本的区别、与固定成本和可变成本之间的联系及其在短期经济决策中的应用;
(5) 沉没成本与机会成本的概念及其在工程经济分析现金流构成中不同的处理方法;
(6) 投资、资产与成本的关系;
(7) 销售收入、总成本、税金和利润之间的关系;
(8) 固定资产折旧、无形资产摊销的计算;
(9) 增值税及其附加的计算;
(10) 利润总额(税前利润)、所得税及税后利润(净利润)的计算;
(11) 全部投资(不区分投资资金来源)的现金流及其与全部投资年收益(全部投资回报)的关系;
(12) 资本金投资现金流及其与资本金年净收益(资本金投资回报)的关系。

其中,重点是工程经济要素的构成、要素之间的关系及其经济要素数量的估计与计算,难点是各类成本概念的区别和联系及其在经济分析中不同的处理方法。掌握本章知识要点的关键是正确认识销售收入、总成本、经营成本、销售税金、利润之间的关系,以及投资回报的构成。

2.1 某拟建项目投资估算各项数据见表2.1,均按不含增值税价格计算。试

估算该项目的建设投资、总投资及建成后所形成的各类资产的价值。

表 2.1 单位:万元

序号	费用项目	估算价值			
		建筑工程	设备购置	安装工程	其他费用
1	工程费用	18 900	14 300	2 000	
1.1	主要生产项目	10 000	8 000	1 000	
1.2	辅助生产车间	5 000	4 000	500	
1.3	公用工程	1 000	1 000	200	
1.4	环境保护工程	500	500	100	
1.5	总图运输	600	800	200	
1.6	服务性工程	300			
1.7	生活福利工程	1 000			
1.8	厂外工程	500			
2	工程建设其他费用				15 000
2.1	土地征用补偿费				6 000
2.2	土地使用权出让金				5 000
2.3	勘察设计费				1 000
2.4	联合试运转费				500
2.5	专利转让费				1 000
2.6	生产职工培训费等其他资产投资				1 500
3	预备费				4 000
3.1	基本预备费				3 000
3.2	价差预备费				1 000
4	购置固定资产进项增值税				5 000
5	建设期贷款利息				2 000
6	流动资金				4 000

2.2 某拟建项目设计生产能力为 15 万 t 产品,每吨产品消耗的原材料为 1.2 t,原料价格为 1 000 元/t,每吨产品耗费的燃料及动力费 100 元、包装费 200 元、生产人员计件工资 500 元,非生产人员工资及福利费 100 万元/年,年修理费 200 万元,销售费、管理费等其他费用 300 万元/年,年折旧费、摊销费分别为 1 000 万元、100 万元,年利息 400 万元。

（1）预计其投资运营后产品年产量（销量）为 10 万 t，则该项目投入运营后，每年的总成本、经营成本、固定成本、可变成本分别为多少？产品单位平均成本是多少？

（2）若投入运营后，其中某一年正常订单仍为 10 万 t，但在下半年额外获得了一笔 2 万 t 的新订单，试计算该年的平均成本及这笔订单的产品边际成本。

2.3 某拟建项目建成后运营的某年购进的原料、燃料及动力费用等价款 5 000 万元，生产的产品销售额为 7 940 万元，外购货物和劳务的适用增值税率及销售货物适用的增值税率均为 17%，城市建设维护税、教育费附加和地方教育费附加等增值税附加税税率分别为 7%、3% 和 2%。在下面两种情况下分别计算当年的增值税及其附加税的税额：

（1）外购货物和劳务的价款和产品销售额是按不含税价格计算的；

（2）外购货物和劳务的价款和产品销售额是按含税价格计算的。

2.4 某生产线主要设备的原值是 1 000 万元，折旧年限 10 年，预计净残值率 10%，试分别采用平均年限法、双倍余额递减法和年数总和法计算各年的折旧额。

2.5 某项目建设投资 2 000 万元（不含建设期利息和增值税），其中土地使用权费为 500 万元，建设期为 1 年。建成后，除土地使用权费外，其余建设投资全部形成固定资产。固定资产折旧期 15 年，残值 100 万元；无形资产摊销期为 5 年。建设投资中有 1 100 万元来自于建设单位投入的资本金（其中 100 万元用于支付建设期利息），其余银行贷款（建设期年初借入），年有效利率为 10%，银行还款按 5 年后一次性还本、利息当年结清方式。项目建成后，生产期第 1 年销售收入为 2 100 万元，外购原料、燃料及动力费 500 万元，工资及福利费 300 万元，修理费 100 万元，其他费用 200 万元，年税金及附加为 180 万元，所得税率为 25%。计算生产期第 1 年利润总额、所得税及税后利润、全部投资净收益（回报）和资本金投资净收益（权益投资回报）。

2.6 假设你是 ABC 企业的经济分析师，你遇到了如下一系列问题，你将向公司推荐什么方案？说明你的理由。

（1）企业某种设备生产某一标准化的零件，设备 2 年前购置，原始购置安装费用 50 万元，年折旧 40 000 元，年产量 20 000 件，生产零件的可变费用 10 元/件，企业需要的零件数量为 12 000 件/年，企业账务会计部门考虑折旧等固定费用，提供的该零件生产成本为 15 元。另一家企业因设备故障，急需此零件，愿意出价 13 元/件订购 5 000 件。不考虑企业间竞争因素及税收，那么企业是否应该接受这份订单？

（2）在企业生产经营会议上，仓库管理部门提出仓库里有一批企业将不会再使用的产品零件已经存放了将近一年，占用了不少仓库空间，影响仓库后期使用；

财务部门计算出这批存货的生产成本是50万元,生产经营部门提出这批存货可以以10万元价格在二手市场上处理掉,但如果进行二次加工处理后可以以25万元价格重新销售,二次加工处理费用5万元。那么,你推荐哪种方案?

(3) 企业新研制出一种新产品,拟用一幢闲置的旧厂房作为生产车间安装新产品生产线。旧厂房10年前的建造费用1 000万元,折旧期20年,年折旧费50万元。在对新产品生产线进行经济分析时,是否要将旧厂房建造成本或者其目前的账面价值作为经济分析要考虑的经济要素?

(4) 在(3)中,假设有一家企业愿意每年支付100万元租用该旧厂房作为仓库,那么你在新产品投资经济分析时是否应考虑这一因素?

2.7 某项目财务现金流量(全部投资现金流量)图如图2.1所示,建设期为m年,投产期为1年(即第$m+1$年),在已经确定了项目融资方案的情况下(可计算出项目运营期所得税并计入现金流中),假设已知项目运营正常生产期内第t年的税后利润为R_t,折旧费为D_t,摊销费A_t,利息支出为I_t,试推证:

第t年($m+2<t<n$)净现金流 $F_t = R_t + D_t + A_t + I_t$

(提示:推证过程中,对需用到的其他经济要素可假设,也可直接用文字表达)

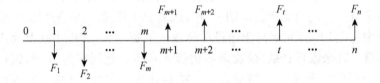

图 2.1

习题解析

2.1 解:

此题在掌握了项目建设投资的构成及各项投资费用在项目建设后形成什么性质的资产性质等知识基础上进行计算即可(表2.2、表2.3)。

表 2.2 单位:万元

序号	费用项目	估算价值				形成的资产性质
		建筑工程	设备购置	安装工程	其他费用	
1	工程费用	18 900	14 300	2 000		固定资产
1.1	主要生产项目	10 000	8 000	1 000		
1.2	辅助生产车间	5 000	4 000	500		

续表 2.2

序号	费用项目	估算价值				形成的资产性质
		建筑工程	设备购置	安装工程	其他费用	
1.3	公用工程	1 000	1 000	200		
1.4	环境保护工程	500	500	100		
1.5	总图运输	600	800	200		
1.6	服务性工程	300				
1.7	生活福利工程	1 000				
1.8	厂外工程	500				
2	工程建设其他费用				15 000	
2.1	土地征用补偿费				6 000	固定资产
2.2	土地使用权出让金				5 000	无形资产
2.3	勘察设计费				1 000	固定资产
2.4	联合试运转费				500	固定资产
2.5	专利转让费				1 000	无形资产
2.6	生产职工培训费等其他资产投资				1 500	其他资产
3	预备费				4 000	固定资产
3.1	基本预备费				3 000	
3.2	价差预备费				1 000	
4	购置固定资产进项增值税				5 000	
5	建设期贷款利息				2 000	固定资产
6	流动资金				4 000	流动资产

表 2.3　　　　　　　　　　　　　　　　　　　　　单位：万元

计算项目	计算式	数额
建设投资	(1)+(2)+(3)+(4)+(5)	61 200
总投资	(1)+(2)+(3)+(4)+(5)+(6)	65 200
固定资产	(1)+(2.1)+(2.3)+(2.4)+(3)+(5)	48 700
无形资产	(2.2)+(2.5)	6 000
其他资产	(2.6)	1 500
流动资产	(5)	4 000

2.2 解：

(1) 计算过程及结果见表 2.4。

表 2.4　　　　　　　　　　　　单位：万元

费用项目	计算式	费用数额	固定成本	可变成本	经营成本	总成本
原料费	10×1.2×1 000	12 000		20 000	20 600	22 100
燃料及动力费	10×100	1 000				
包装费	10×200	2 000				
生产人员工资	10×500	5 000				
非生产人员工资		100	2 100			
修理费		200				
其他费用		300				
折旧费		1 000				
摊销费		100				
利息		400				

平均成本为

$$\frac{22\ 100}{10} = 2\ 210\ (元/t)$$

(2) 当年可变成本为

$$12 \times (1.2 \times 1\ 000 + 100 + 200 + 500) = 24\ 000(万元)$$

固定成本不变，仍为 2 100 万元，则
总成本为

$$24\ 000 + 2\ 100 = 26\ 100(万元)$$

平均成本为

$$\frac{26\ 100}{12} = 2\ 175\ (元/t)$$

这笔订单的边际成本为

$$\frac{26\ 100 - 22\ 100}{12 - 10} = 2\ 000\ (元/t)$$

边际成本也可以通过单位产品可变成本获得，即

$$1.2 \times 1\ 000 + 100 + 200 + 500 = 2\ 000\ (元/t)$$

2.3 解:

计算过程及结果见表 2.5。

表 2.5　　　　　　　　　　　　　　　　　　　单位:万元

序号	计算项目	(1) 按不含税价格计算		(2) 按含税价格计算	
		计算式	金额	计算式	金额
(1)	外购价款		5 000		5 000
(2)	销售额		7 940		7 940
(3)	进项税额	(1)×17%	850	[(1)/(1+17%)]×17%	726
(4)	销项税额	(2)×17%	1 350	[(2)/(1+17%)]×17%	1 154
(5)	增值税	(4)−(3)	500	(4)−(3)	428
(6)	3个附加税	(5)×(7%+3%+2%)	60	(5)×(7%+3%+2%)	51

2.4 解:

(1) 平均年限法

年折旧率为

$$\frac{1-10\%}{10}\times 100\% = 9\%$$

年折旧额为 $1\,000\times 9\% = 90$(万元),每年相等。

也可以直接计算

$$年折旧额 = \frac{1\,000\times(1-10\%)}{10} = 90(万元)$$

(2) 双倍余额递减法

年折旧率为 $\frac{2}{10}\times 100\% = 20\%$

折旧期 10 年末净残值　　$1\,000\times 10\% = 100$(万元)

每年年初固定资产净值为前一年固定资产净值减去当年的折旧额;当年折旧额为年初固定资产净值乘以年折旧率 20%,但最后 2 年的折旧额计算方法为第 9 年年初固定资产净值扣除折旧期末净残值后在最后 2 年平摊。各年的折旧额如表 2.6 所示。

表 2.6　　　　　　　　　　　　　　　　　　　单位:万元

年　份	1	2	3	4	5	6	7	8	9	10
年初固定资产净值	1 000	800	640	512	410	328	262	210	168	134
当年折旧额	200	160	128	102	82	66	52	42	34	34

（3）年数总和法

$$年折旧率 = \frac{年数余数}{年数总和} \times 100\%$$

$$= \frac{折旧年限 - 已使用年数}{折旧年限 \times (折旧年限 + 1)/2} \times 100\%$$

年折旧额 =（固定资产原值 - 预计残值）× 年折旧率

各年折旧率、折旧额见表 2.7。

表 2.7

年份	1	2	3	4	5	6	7	8	9	10
当年折旧率	18.18%	16.36%	14.55%	12.73%	10.91%	9.09%	7.27%	5.45%	3.64%	1.82%
当年折旧额	164	147	131	115	98	82	65	49	33	16

2.5 **解：**

计算过程及结果见表 2.8。

表 2.8

序号	计算项目	计算式	数额
(1)	建设期利息	1 000×10%	100
(2)	固定资产原值	(2 000－500)+(1)	1 600
(3)	年折旧费	((2)－100)/15	100
(4)	年摊销费	500/5	100
(5)	生产期第 1 年年利息	1 000×10%	100
(6)	外购原燃料动力费		500
(7)	工资及福利费		300
(8)	年修理费		100
(9)	其他费用		200
(10)	年销售收入		2 100
(11)	年税金及附加		180
(12)	年总成本	(3)+(4)+(5)+(6)+(7)+(8)+(9)	1 400

续表 2.8

序号	计算项目	计 算 式	数额
(13)	年经营成本	(6)+(7)+(8)+(9)	1 100
(14)	年利润总额	(10)−(11)−(12)	520
(15)	年所得税	(14)×25%	130
(16)	年税后利润	(14)−(15)	390
(17)	第1年借款本金偿还		0
(18)	第1年的全部投资净收益	(16)+(3)+(4)+(5)或(10)−(11)−(13)−(15)	690
(19)	第1年资本金投资净收益	(16)+(3)+(4)−(17)或(10)−(11)−(13)−(15)−(17)−(5)	590

2.6 解：

（1）应该接受这份订单。

这是短期生产决策问题，应采用边际成本（增量成本）进行分析。这份订单不影响企业自身的零件需求，且设备富余的生产能力能够满足订单生产。订单的边际成本即为可变成本10元/件，边际收益13元/件，边际收益大于边际成本，所以应接受订单。

（2）推荐采用二次加工后出售方案。

这批存货的生产成本50万元是沉没成本，经济分析时不应考虑。存货二次加工销售的边际收入25万元，边际成本5万元，边际净收益20万元。存货直接二手市场处理的价格10万元是机会成本。显然，边际净收益大于机会成本，所以应采用二次加工销售方案。

（3）不应考虑。

无论旧厂房当初的建造费用还是目前的会计账面价值都是沉没成本，不应该作为决策分析的经济要素。

（4）应该考虑。

年租金100万元是旧厂房利用的机会成本，所以在新产品使用旧厂房时应将其计入经济分析现金流量中。

2.7 推证：

因为

经营成本＝总成本−折旧费−摊销费−利息支出

所以,项目投产后在正常生产年份的净现金流
＝销售收入－经营成本－税金及附加－所得税
＝销售收入－(总成本－折旧费－摊销费－利息支出)－税金及附加－所得税
＝(销售收入－总成本－税金及附加)－所得税＋折旧费＋摊销费＋利息支出
＝利润总额－所得税＋折旧费＋摊销费＋利息支出
＝(利润总额－所得税)＋折旧费＋摊销费＋利息支出
＝税后利润＋折旧费＋摊销费＋利息支出

3 工程经济性判断指标

学习指导

工程经济研究的目的是预测和判断工程项目或方案可能会产生的投资回报,从而为投资决策提供可靠的依据。因此,根据所识别和估计的经济要素,如何去判断预期的行动方案可行性成为工程经济研究的关键议题。判断工程的经济性一般是通过经济效果指标去衡量,从经济学角度,指标可归为两大类:一是绝对效果指标,即产出与投入之差;二是相对效果指标,即产出与投入之比。由于工程的投资、收入、费用等发生在不同时期,所以资金等值换算在指标计算中显得尤为重要。

本章的知识要点包括:
(1) 基准投资收益率的概念与意义;
(2) 基准收益率的确定方法;
(3) 净现值、净将来值及年值的概念与计算方法及三者之间的关系;
(4) 净现值的经济含义;
(5) 净现值函数及特征;
(6) 内部收益率的概念与计算;
(7) 内部收益率的经济含义;
(8) 常规情况下的内部收益率特点及内部收益率的几种特殊情况;
(9) 静态、动态投资回收期的概念及计算;
(10) 静态投资回收期的经济含义;
(11) 几个指标之间的关系及其适用性。

其中,重点是评价的基准——基准收益率、指标的计算及其经济含义,难点是指标之间的关系。本章学习中,净现值函数是理解经济效果评价指标的关键,也是一个非常有效的分析工具。

习 题

3.1 某公司市值 7 500 万元,长期债务 2 500 万元,公司权益投资要求的收益率为 20%,债务资金税后平均成本为 6%,社会无风险投资收益率为 5%。
(1) 计算公司的资金机会成本。

（2）如果公司拟投资一个新的计划，预计投入资本金1 000万元，债务资金1 000万元，该新的投资计划所在行业的平均投资收益率为15%，新计划为公司新涉足的行业，确定的系数为1.2。试确定该投资计划的基准收益率。

3.2 方案A、B、C计算期内各年净现金流量如表3.1所示，基准贴现率为10%。试根据所给数据，计算3个方案的净现值、净将来值和年值。

表3.1 单位：万元

年 末	0	1	2	3	4	5
方案A	−100	50	50	50	50	50
方案B	−100	30	40	50	60	70
方案C	−100	70	60	50	40	30

3.3 某工程方案的净现金流量如表3.2所示，假如基准贴现率为10%，求其净现值、内部收益率、静态投资回收期、动态投资回收期。

表3.2 单位：万元

年 末	1	2	3	4～7	8	9	10	11	12	13
净现金流量	−15 000	−2 500	−2 500	4 000	5 000	6 000	7 000	8 000	9 000	10 000

3.4 一个技术方案的内部收益率正好等于基准投资收益率，则其净现值和动态投资回收期的值分别是什么特殊值？为什么？

3.5 某工厂自行设计制造特种机床一台，价格为75万元，估计可使用20年，每年可节省成本10万元。若该机床使用20年后无残值，其内部收益率是多少？事实上，该机床使用6年后，以30万元出让给了其他单位，其内部收益率又如何？

3.6 在正常情况下，某年产100万吨的水泥厂建设期为2年，项目经济寿命为18年，全部投资在8年内可回收（从开工建设期算起的静态投资回收期），则该投资项目的内部收益率为多少？如果该项目投资规模为200万，项目建设期为3年，运营期为20年，要达到同样的投资效果，回收期应不大于几年？（该水泥厂的现金流量图如图3.1所示）

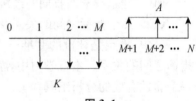

图3.1

3.7 某投资方案净现值函数图中，净现值函数曲线是单调变化的，且与横轴（折现率）只有一个大于0的交点。

（1）用图示方法描述该投资方案现金流量的可能的情况，并用数学形式或者用假设的数据，说明其应该满足的条件。

（2）说明这一交点代表的经济含义。

3.8 对于给定折现率 i,如果任意现金流(非常规现金流,如图 3.2 是一个示意图)所组成的方案的净现值等于 0,试证明:

(1) 所有现金流入的现值之和与所有现金流出的现值之和的绝对值相等。

(2) 选取现金流量图上任一时点(证明时,不可选 0 点或终点),将现金流量图分割为两个现金流量图,前面一段现金流量图的现金流终值(以分割点为终点)与后面一段现金流量图的现金流现值(以分割点为 0 点)的负数相等。

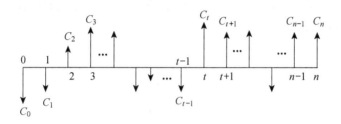

图 3.2

3.9 某工程项目方案的净现金流量如图 3.3 所示,已知:A、K、M、N 和 i_c,并且均大于 0。

(1) 请计算动态投资回收期 P_t。

(2) 当 $A = K$,$N = 2M$ 时,计算内部收益率 IRR。

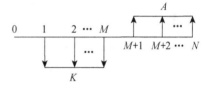

图 3.3

3.10 某投资方案的净现值函数图如图 3.4 所示。

(1) 其内部收益率为多少?哪一个能真正反映方案占用资金的收益率?

(2) 假设基准收益率为 15%,是否可据此判断出方案在经济上可接受?为什么? 如果不能判断,应采用哪种评价技术进行判断?

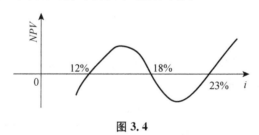

图 3.4

3.11 某新建工厂地点位于城郊地带,工厂生产中有一些噪声污染。为补偿邻近一村庄居民因噪声带来的环境受损,厂方允诺由其投资 115 万元,按四级公路标准为该村修建一条村道连接到工厂通往高速公路的二级公路,在工厂 20 年的运营期内每年的 3 万元村道维护费用也由工厂承担。该村道的修建将大大地提高村民出行的便利性和增加对外经济往来,村民的此项收益估算为 12 万元/年,但村民因忍受噪声污染环境受损折算费用为 25 万元/年。

(1) 试从村民的角度画出该项目的现金流量图或编制现金流量表(道路建设期很短,假设投资在第一年年初完成)。

(2) 已知从村民角度分析该项目的内部收益率为 6%,试从村民角度画出该项目的净现值函数示意图。

(3) 据以上数据,在什么条件下,村民才愿意接受厂方的此项补偿计划?从村民角度分析,阐述理由。

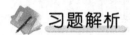
习题解析

3.1 解:

(1) 公司的资金机会成本为

$$\frac{7\,500}{7\,500+2\,500}\times 20\% + \frac{2\,500}{7\,500+2\,500}\times 6\% = 16.5\%$$

(2) 资本金资金成本为

$$K_E = 5\% + 1.2\times(15\%-5\%) = 17\%$$

债务资金成本为 $K_D = 6\%$

新投资计划的平均加权资金成本为

$$WACC = 17\%\times\frac{1\,000}{1\,000+1\,000} + 6\%\times\frac{1\,000}{1\,000+1\,000} = 11.5\%$$

基准收益率应取新投资计划的资金成本和机会成本的最大值,即

$$i_c = \max\{16.5\%,\ 11.5\%\} = 16.5\%$$

3.2 解:

此题方案 A 可以利用等额支付系列公式计算,方案 B、C 可以利用梯度支付系列公式计算,计算结果见表 3.3。

表 3.3

方 案	净现值	净将来值	年 值
A	90	144	24
B	82	133	22
C	97	156	26

此题可以进一步拓展思考,3个方案的投资均相等,每年的现金流入(净收益)5年之和均为250万元,但是先期现金流入越大,方案的净现值、净将来值和年值就越大。这也正体现了资金的时间价值,即在总收入相同的情况下,早期获得收入越多,投资收益就越高。

3.3 **解:**

净现值的计算,可先绘制出现金流量图(图3.5)。需要注意的是,尽管现金流量表中并没有标明0这个时间点,但是0时间点是存在的,就是第1年年初,不管在现金流量表中是否标示出0时间点,净现值都是计算到这一点,绘制现金流量图时也应标注出这一点。

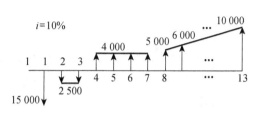

图 3.5

用资金时间价值的公式计算:

$$NPV = -\frac{15\,000}{1+10\%} - \frac{2\,500}{(1+10\%)^2} - \frac{2\,500}{(1+10\%)^3}$$
$$+ 4\,000 \times \frac{(1+10\%)^{10}-1}{10\% \times (1+10\%)^{10}} \times \frac{1}{(1+10\%)^3} + 1\,000$$
$$\times \left[\frac{1}{10\%} \times \frac{(1+10\%)^7-1}{10\%} - \frac{7}{10\%}\right] \times \frac{1}{(1+10\%)^{13}}$$
$$= 8\,090$$

此题用表格法计算比较方便(表3.4)。

表 3.4 单位:万元

年末	1	2	3	4	5	6	7	8	9	10	11	12	13
净现金流量	−15 000	−2 500	−2 500	4 000	4 000	4 000	4 000	5 000	6 000	7 000	8 000	9 000	10 000
累计净现金流量	−15 000	−17 500	−20 000	−16 000	−12 000	−8 000	−4 000	1 000	7 000	14 000	22 000	31 000	41 000
折现系数($i=10\%$)	0.909 1	0.826 4	0.751 3	0.683 0	0.620 9	0.564 5	0.513 2	0.466 5	0.424 1	0.385 5	0.350 5	0.318 6	0.289 7
净现金流量现值	−13 636	−2 066	−1 878	2 732	2 484	2 258	2 053	2 333	2 545	2 699	2 804	2 868	2 897
累计净现金流量现值	−13 636	−15 702	−17 581	−14 849	−12 365	−10 107	−8 054	−5 722	−3 177	−479	2 325	5 193	8 090

由该表可得

净现值为8 090万元(最后一年的累计净现金流量现值)

静态投资回收期 $= 8 - 1 + \dfrac{|-4\,000|}{5\,000} = 7.8$(年)

动态回收期 $= 11 - 1 + \dfrac{|-479|}{2\,804} = 10.17$(年)

内部收益率可通过试算法计算：
当折现率为15%时，计算出 $NPV(15\%) = 1\,029$
当折现率为18%时，计算出 $NPV(18\%) = -1\,766$
则可计算出内部收益率

$$IRR = 15\% + \frac{1\,029}{1\,029 + |-1\,766|} \times (18\% - 15\%) = 16\%$$

3.4 解：

净现值为0；动态回收期为方案寿命期。
可以根据几个指标的计算公式，就可以判断：
IRR 满足下式

$$NPV(IRR) = \sum_{t=0}^{n}(CI-CO)_t(1+IRR)^{-t} = 0$$

因 $i_c = IRR$，则必有

$$NPV = \sum_{t=0}^{n}(CI-CO)_t(1+i_c)^{-t} = 0$$

动态投资回收期 P'_t 的表达式为

$$\sum_{t=0}^{P'_t}(CI-CO)_t(1+i_c)^{-t} = 0$$

上式若等于0，则只有 $P'_t = n$。
此题也可以用 NPV 函数图进行解答。

3.5 解：

(1) 第1问现金流量图如图3.6(a)所示，其内部收益率满足下式

$$NPV = -75 + 10(P/A, IRR, 20) = 0$$

采用线性插入法计算出 $IRR = 12\%$

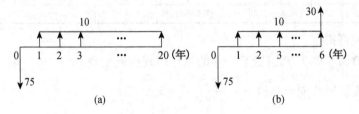

图 3.6

(2) 第 2 问现金流量图如图 3.6(b)所示,其内部收益率满足下式

$$NPV = -75 + 10(P/A, IRR, 6) + 30(P/F, IRR, 6) = 0$$

采用线性插入法求出 $IRR = 4.37\%$

3.6 解:

此题的关键是找到静态回收期与内部收益率之间的函数关系。

按题意及题图,得到静态回收期

$$P_t = M + \frac{MK}{A}$$

而内部收益率 IRR 满足

$$-K \cdot \frac{(1+IRR)^M - 1}{IRR} + A \cdot \frac{(1+IRR)^{N-M} - 1}{IRR \cdot (1+IRR)^{N-M}} = 0$$

根据上式得出

$$\frac{K}{A} = \frac{1}{(1+IRR)^M - 1} - \frac{1}{(1+IRR)^N - (1+IRR)^{N-M}}$$

代入上面的静态回收期计算式,可得

$$P_t = \frac{(1+IRR)^N - 1}{(1+IRR)^N - (1+IRR)^{N-M}} \cdot M$$

第 1 问,可将相关数据代入,然后采用线性内插法的方法,求出 $IRR = 13.55\%$。

第 2 问,达到相同的投资效果,亦即内部收益率同第一问所计算出的内部收益率 13.55%,以 $IRR = 13.55\%$ 及其他数据代入上式中,可求出静态回收期为 8.96 年。

3.7 解:

(1) 有两种情况

第 1 种情况:净现值函数图如图 3.7 所示。

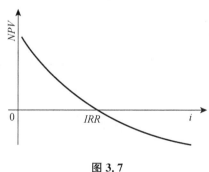

图 3.7

则现金流量图如图 3.8 所示

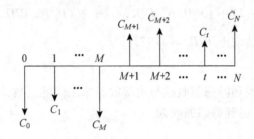

图 3.8

且满足条件

$$\begin{cases} 当 t=0,1,2,\cdots,M 时,\ C_t \leqslant 0 \\ 当 t=M+1,M+2,\cdots,N 时,\ C_t \geqslant 0 \\ M \leqslant N-1 \\ \sum_{t=0}^{N} C_t > 0 \end{cases}$$

第二种情况:净现值函数图如图 3.9 所示。

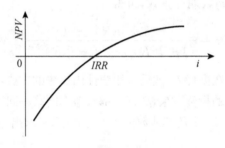

图 3.9

则现金流量图如图 3.10 所示

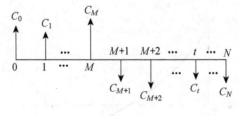

图 3.10

且满足条件

$$\begin{cases} 当 t = 0, 1, 2, \cdots, M 时, \quad C_t \geqslant 0 \\ 当 t = M+1, M+2, \cdots, N 时, \quad C_t \leqslant 0 \\ M \leqslant N-1 \\ \sum_{t=0}^{N} C_t < 0 \end{cases}$$

(2) 这一点就是方案的内部收益率。

3.8 解：

(1) 根据净现值的概念与计算公式，有

$$NPV = \sum_{t=0}^{n} C_t (1+i)^{-t} = 0$$

式中，C_t 为带有正负号的值，向上（现金流入）为正，向下（现金流出）为负。令 E_1 为向上现金流量的集合，E_2 为向下现金流量的集合，

则 $$NPV = \sum_{t=0}^{n} C_t (1+i)^{-t} = \sum_{t \in E_1} C_t (1+i)^{-t} + \sum_{t \in E_2} C_t (1+i)^{-t} = 0$$

因此有 $$\sum_{t \in E_1} C_t (1+i)^{-t} = -\sum_{t \in E_2} C_t (1+i)^{-t}$$

$\sum_{t \in E_1} C_t (1+i)^{-t}$ 为现金流入的现值，$\sum_{t \in E_2} C_t (1+i)^{-t}$ 为现金流出的现值。

两者绝对值相等。

(2) 选取现金流量图上任意一时点 $k(k \neq 0, n)$，分割为 2 个现金流量图。

前者的终值为 $F = \sum_{t=0}^{k} C_t (1+i)^{k-t}$

后者的现值（以分割点为 0 点）为 $P = \sum_{t=k+1}^{n} C_t (1+i)^{-(t-k)}$

因 $NPV = 0$，则

$$NPV(1+i)^k = 0 \quad ((1+i)^k \neq 0)$$

则有

$$NPV(1+i)^k = \Big[\sum_{t=0}^{n} C_t (1+i)^{-t}\Big](1+i)^k$$

$$= \Big[\sum_{t=0}^{k} C_t (1+i)^{-t} + \sum_{t=k+1}^{n} C_t (1+i)^{-t}\Big](1+i)^k$$

$$= \Big[\sum_{t=0}^{k} C_t (1+i)^{-t}\Big](1+i)^k + \Big[\sum_{t=k+1}^{n} C_t (1+i)^{-t}\Big](1+i)^k$$

$$= \sum_{t=0}^{k} C_t (1+i)^{k-t} + \sum_{t=k+1}^{n} C_t (1+i)^{-(t-k)}$$

$$= F + P = 0$$

故有 $F = -P$

3.9 解：

(1) 按动态回收期公式(定义)，则有

$$-K \frac{(1+i_c)^M - 1}{i_c} + A \frac{(1+i_c)^{P_t - M} - 1}{i_c(1+i_c)^{P_t - M}} = 0$$

得到

$$P_t = M - \frac{\lg\left\{1 - \frac{K}{A}[(1+i_c)^M - 1]\right\}}{\lg(1+i_c)}$$

(2) 按内部收益率计算公式

$$-K \frac{(1+IRR)^M - 1}{IRR} + A \frac{(1+IRR)^{N-M} - 1}{IRR \cdot (1+IRR)^{N-M}} = 0$$

因 $A = K$，$N = 2M$，则

$$\frac{1}{(1+IRR)^M} = 2 - (1+IRR)^M$$

得

$$(1 + IRR)^M = 1$$

则 $IRR = 0$（IRR 有实际经济意义）

本题的另一种解法：

因为 $\sum A = \sum K$，所以 $IRR = 0$

3.10 解：

(1) 内部收益率分别为12%、18%和23%。没有一个能真正反映方案占用资金的收益率。

(2) 无法判断。因为该方案存在多个内部收益率，不能直接用内部收益率进行评判。这种情况下，可采用净现值评价技术，或者计算方案的外部收益率或修正内部收益率进行评价。

3.11 解：

(1) 现金流量表如表3.5所示。

表 3.5

年 份	0	1	2	3	4	5~19	20
获得道路	115						
获得道路维修费用		3	3	3	3	3	3
村民增加收益		12	12	12	12	12	12
环境污染受损		−25	−25	−25	−25	−25	−25
净现金流量	115	−10	−10	−10	−10	−10	−10

或者绘制现金流量图(图 3.11)

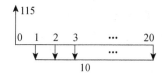

图 3.11

(2) 从村民角度,其净现值函数图如图 3.12 所示。

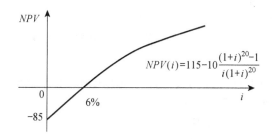

图 3.12

(3) 村民的 NPV 函数属于非投资型的,其 $IRR=6\%$,显然只有村民的基准收益率高于 6% 时,此项补偿计划中他们的 $NPV>0$,他们才愿意接受厂方的此项补偿计划。也就是说,假设村民自己有足够的资金投资道路,实施此项补偿计划,使他们将投资道路的资金投向别的机会,可以赚取更高的收益,他们自然愿意接受此项计划。

4 多方案的经济性比较与选择

学习指导

在工程实践中,每个工程的实施,无论是投资策划、规划设计,还是施工建造,通常有若干个备选方案,工程决策则需要从中做出选择。如果单纯从经济学角度分析,这种选择必须符合资本投资的根本目的——利益最大化,而第3章所述的工程经济性判断指标提供了多方案经济比较与选择的基本判据。

本章的知识要点包括:
(1) 多方案之间的关系类型;
(2) 多方案可比性条件;
(3) 多方案的单指标比较方法;
(4) 多方案的多指标比较方法;
(5) 多方案的优劣平衡分析方法;
(6) 互斥方案比较的净现值法、年值法、差额净现值法和差额内部收益率法及相互之间的关系;
(7) 收益未知的互斥方案比较方法及其适用情况与注意要点;
(8) 寿命期无限的互斥方案比较;
(9) 寿命不等的互斥方案比较;
(10) 独立方案的比较与选择方法;
(11) 混合方案的比较与选择方法;
(12) 内部收益率与投资回收期指标在多方案经济优劣性比较中的作用。

其中,重点是互斥方案、独立方案和混合方案等不同类型的多方案比较方法,难点是寿命不等的方案比较及一些因素变量变动情况下方案之间的优劣平衡分析。在本章学习中,应注意的一个重要的比较规则是,以最少投资的可行方案作为初始选择的方案,其他增加投资的方案与初始方案相竞争,选择投资更大的方案就必须证明所增加的投资是合算的。

 习 题

4.1 某投资者拟投资于房产,现有三处房产供选择,他的资金实力只能允许

他投资一处。该投资者拟购置房产后,出租经营,10年后再转手出让,各处房产的购置价、年租金和转让价见表4.1。假设他的基准收益率为15%,分别用净现值法、差额净现值法及差额内部收益率法选择最佳方案。

表4.1　　　　　　　　　　　　　　　　　　　单位:万元

	A房产	B房产	C房产
购置价	140	190	220
净转让价(扣除相关费用)	125	155	175
年净租金收入	24	31	41

4.2　某小型投资项目有五个互斥备选方案,各方案预测数据见表4.2,计算分析期均为6年。

(1) 基准收益率为10%,哪一个方案最优?

(2) C方案在什么情况下才能成为最优方案?

表4.2　　　　　　　　　　　　　　　　　　　单位:万元

方　案	A	B	C	D	E
初始投资	100	200	300	400	500
年净收益	35	50	95	120	152

4.3　为了满足两地交通运输的增长需求,拟在两地之间建一条铁路或新开一条高速公路,也可考虑两个项目同时实施。如果两个项目同时实施,由于分流的影响,两个项目的现金流将会受到影响。基准收益率为10%。根据表4.3提供的数据,对方案进行比较选择。

表4.3　　　　　　　　　　　　　　　　　　　单位:万元

方　案	年末净现金流量			
	0	1	2	3～32
铁路(A)	−30 000	−30 000	−30 000	15 000(12 000)
公路(B)	−15 000	−15 000	−15 000	9 000(5 250)

注:括号内的数据为两个项目同时实施时的现金流。

4.4　考虑6个互斥的方案,表4.4是按初始投资费用从小到大的顺序排列的。表中给出了各方案的内部收益率和方案之间的差额内部收益率。所有方案都有相同的寿命且具备其他可比条件。

(1) 如果必须采纳方案中的一个,但又无足够的资本去实施最后3个方案,那么应该选哪个方案?为什么?

(2) 假设对于方案Ⅳ,Ⅴ和Ⅵ投资资金仍旧不足,且能吸引投资者的最小收益率是12%,如果并不强求一定要采纳一个方案(即不采纳方案也是可接受的方案),你将如何选择?为什么?

(3) 至少多大的基准收益率才能保证选择方案Ⅳ是正确的?

(4) 如果有足够的资金,基准收益率为10%,你将选择哪个方案?为什么?

(5) 如果有足够的资金,基准收益率为15%,你将选择哪个方案?为什么?

表 4.4

方案	IRR	差额内部收益率				
		Ⅰ	Ⅱ	Ⅲ	Ⅳ	Ⅴ
Ⅰ	1%					
Ⅱ	8%	21%				
Ⅲ	11%	15%	12%			
Ⅳ	15%	22%	19%	17%		
Ⅴ	13%	19%	16%	15%	9%	
Ⅵ	14%	21%	18%	16%	14%	21%

4.5 某公司经济分析人员现在提出了6个供考虑的方案,假设每个方案期末均无残值,并有10年寿命。设公司的 $i_c = 10\%$,各方案的数据如表4.5所示。

(1) 假定公司有足够的资本,且方案是独立的,应选择哪些方案?

(2) 假定公司仅有90 000元的投资资本,应如何选择?

(3) 假定仅有90 000元的投资资本,则在这些独立方案中选择投资收益率最高的方案,并将其没用完的资本投资于其他机会且取得15%的收益率。则该项投资组合与(2)中确定的方案相比,孰优孰劣?

(4) 假设方案是互斥的,应如何选择?

表 4.5   单位:元

方案	A	B	C	D	E	F
投资资本	80 000	40 000	10 000	30 000	15 000	90 000
年净现金流量	11 000	8 000	2 000	7 150	2 500	14 000

4.6 3个独立方案已通过初步的筛选,所有方案的内部收益率均高于15%的基准收益率。表4.6给出了3个方案的现金流量。

表 4.6　　　　　　　　　　　　　　　　　　　单位:万元

方案	初始费用	年末净现金流量			
		1	2	3	4
A	170	100	80	60	40
B	222	40	70	100	130
C	207	80	80	80	80

(1) 如果对所有方案来说,资金都是无限的,但要求收益率高于或等于20%,应选择哪些方案？为什么？

(2) 当基准收益率为15%,要求每年至少有140万元的收入,应选择哪些方案？

4.7　要在一个新建工业区建一条从水厂到新区的临时供水管线(数据见表4.7)。现在有3种规格的管道供选择(管道与泵站的线路布局是相同的)。计划临时供水管线使用期为5年,期末管道与泵均可回收,预期回收的价值为初始费用的40%。不论采用什么规格的管道,回收费用都是20 000元。设基准收益率为9%,用多种方法比较3个方案。

表 4.7　　　　　　　　　　　　　　　　　　　单位:元

方　案	管道规格(管径)		
	A方案(35 cm)	B方案(40 cm)	C方案(45 cm)
初始费用	180 000	25 0000	340 000
年抽水费用	64 000	44 000	28 000

4.8　某工程拟铺设的蒸汽管道,根据同类工程的资料,管道的不同厚度的绝热材料的造价和使用期的热损失值见表4.8,预计使用期为15年,试确定最佳的绝热材料的厚度($i_c = 8\%$)。

表 4.8　　　　　　　　　　　　　　　　　　　单位:万元

方　案		造　价	热损失价值
序号	绝热厚度(cm)		
0	0	0	2 700
1	1.8	2 700	1 350
2	2.43	3 818	885
3	3.70	5 010	675
4	5.61	6 540	540
5	7.51	8 595	465
6	8.78	10 920	428

4.9 某造船厂为了使船坞上的装卸能力尽可能地扩大,打算购买材料装卸系统。有3种不同的系统(每个系统的装卸能力相同)可供选择,每种系统的初始投资和年运行费用见表4.9。该船厂最多能筹集140万元,3种系统的寿命均为10年,基准收益率为15%。各种系统可组合投入运行,但每种系统最多只需一套。请确定最优的方案组合。

表4.9 单位:元

系统类型	初始投资	年运行费用
A	650 000	91 810
B	600 000	105 000
C	720 000	74 945

4.10 某冶炼厂欲投资建一储水设施,有两个方案:A方案是在厂内建一个水塔,造价102万元,年运营费用2万元,每隔10年大修一次的费用是10万元;B方案是在厂外不远处的小山上建一储水池,造价83万元,年运营费用2万元,每隔8年大修一次的费用是10万元。另外,方案B还需购置一套附加设备,购置费为9.5万元,寿命为20年,20年末的残值为0.5万元,年运行费用为1万元。该厂基准收益率为7%。

(1) 储水设施计划使用40年,任何一个方案在寿命期末均无残值。哪个方案为优?

(2) 若永久性地使用储水设施,哪个方案为优?

4.11 某拟建项目中有一套设备,该设备由动力(A)、控制(B)、检查(C)和传动(D)等四个系统组成,每个系统都有几种型号供选择,生产中除了费用不同外,各系统采用哪种型号对生产没有任何影响。其中A、B两系统是设备的基础部件,必须组装在一起,C和D系统可由人工代替。各组成系统的购置与安装费用及运营费用如表4.10和表4.11所示,$i_c=10\%$,设备计算寿命期为10年。试分析采用何种方案有利?如果在投资限额分别为70 000元、60 000元和50 000元时,分别采用何种方案有利?

表4.10 单位:元

运营费用		控制系统方案		购置与安装费用
		B_1	B_2	
动力系统方案	A_1	20 000	15 000	5 000
	A_2	16 000	14 000	15 000
	A_3	11 000	10 000	30 000
购置与安装费用		15 000	25 000	

表 4.11　　　　　　　　　　　　　　　　　　　　　单位:元

方案	检查系统			传动系统		
	C_0	C_1	C_2	D_0	D_1	D_2
购置与安装费	0	10 000	20 000	0	5 000	15 000
年运营费用	10 000	6 000	4 000	5 000	3 500	3 000

4.12　某物流公司拟采购一批载重量为 10 t 的运输车辆,现有两个方案可供选择:第一个方案是某合资车辆制造企业生产的 A 型卡车,购置费用为 20 万元/辆;第二个方案是国内某国有大型汽车制造企业生产的 B 型卡车,购置费用为 15 万元/辆。每车的车辆操作人员平均工资为 30 000 元/年,车辆的经济使用寿命均为 5 年,5 年内 A 型车可行驶 50 万公里,B 型车可行驶 40 万公里,5 年末的残值为购置费的 20%。在运营期间,A 型车的燃油成本、日常维护成本和大修成本合计为 1.00 元/公里,B 型车的燃油成本、日常维护成本和大修成本合计为 1.10 元/公里。基准折现率为 10%,试比较两方案。

4.13　某公司考虑开发和生产几种新产品,具体数据见表 4.12,公司决定在每组新产品中最多只选择一种进行开发生产。公司董事会批准的总开发资金限额为 2 100 000 元,基准收益率为 10%。假定所有产品寿命为 10 年,均没有残值。如何选择最有利?

表 4.12　　　　　　　　　　　　　　　　　　　　单位:元

组别	产品	开发费用	年净收益	净现值
A	A_1	500 000	90 000	53 011
	A_2	650 000	110 000	25 902
	A_3	700 000	115 000	6 625
B	B_1	600 000	105 000	45 180
	B_2	675 000	112 000	13 192
C	C_1	800 000	150 000	121 685
	C_2	1 000 000	175 000	75 299

4.14　王小二买彩票,意外地中了一个 2 000 万元的大奖。扣税 400 万元,他给灾区捐了 200 万元。他想将余下的 1 400 万中的 1 000 万元用于投资,有 4 个投资机会可选择:(A)存银行,按年计息,年利率 3%;(B)购买五年期国债,按年计息,年利率 5%;(C)购买某企业五年期债券,按月计息,年利率为 9.57%;(D)投资朋友的项目,年净收益为 300 万元,计算期 5 年。均按复利计算,不考虑税收因素。

(1) 按题干背景,不考虑其他因素,您认为王小二应该选择哪个投资机会?为什么?

(2) 如果朋友告诉他,他可以将另外的 400 万元投资于朋友的项目,每年可另外多得 100 万元净收益,他该如何选择?

(3) 假设您是王小二的中学同学,因为您在大学里修过工程经济学课程,所以他向您咨询他的投资问题。就题干的四个投资机会,您将给他什么更好的建议,供他参考?

4.15 互斥方案 A 和 B 的净现金流量如图 4.1 所示。

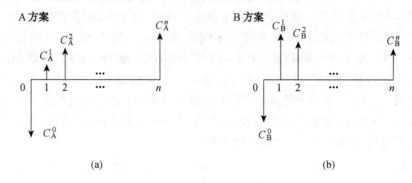

图 4.1

已知:

$$\sum_{t=0}^{n} C_A^t > \sum_{t=0}^{n} C_B^t > 0, 并且 |C_A^0| > |C_B^0|$$

问:当基准收益率提高时,有利于哪个方案?为什么?

4.16 互斥方案 A 和 B 的净现金流量如图 4.2 所示。

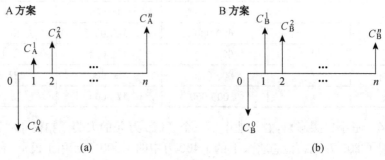

图 4.2

已知:$\sum_{t=0}^{n} C_A^t = \sum_{t=0}^{n} C_B^t > 0$,$|C_A^0| > |C_B^0|$,$IRR_A < IRR_B$

请对两方案的优劣性进行比较分析。

4.17 有互斥方案 A、B 和 C,各方案的现金流量图如图 4.3 所示。

已知：

（1）A 方案 1～n 年的现金流逐年增加,B 方案 1～n 年的现金流每年相等,C 方案 1～n 年的现金流逐年减少;

（2）$|F_0^A| > |F_0^B| > |F_0^C|$;

（3）$F_0^A + \sum_{t=1}^{n} R_t^A = F_0^B + \sum_{t=1}^{n} R_t^B = F_0^C + \sum_{t=1}^{n} R_t^C > 0$;

（4）$R_k^A = R_k^B = R_k^C = R^B$;

（5）$NPV_A(i_c) > 0$, $NPV_B(i_c) > 0$, $NPV_C(i_c) > 0$。

问：

（1）是否可判断出哪个方案最优？为什么？

（2）3 个方案两两之间的差额内部收益率是多少？说明理由。

（3）若 3 个方案是独立的方案,且投资资金限额只能满足其中任意两个方案的需要,选择哪两个方案投资是最优的？说明理由。

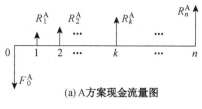

(a) A 方案现金流量图

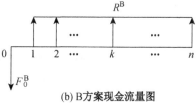

(b) B 方案现金流量图

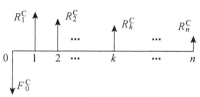

(b) C 方案现金流量图

图 4.3

4.18 有互斥方案 A、B 和 C,计算期内各年净现金流量如表 4.13 所示,设基准收益率为 10%,试根据表中各方案的数据,解答以下几个问题：

表 4.13　　　　　　　　　　　　　　　　　　单位:万元

年末	0	1	2	3	4	5
方案 A	−150	50	50	50	50	50
方案 B	−150	30	40	50	60	70
方案 C	−150	70	60	50	40	30

（1）3 个方案的内部收益率分别为 20%、17% 和 24%,是否可据此认为 C 方案是最优方案？为什么？

（2）计算 3 个方案的净现值,并选择最优方案。

（3）当基准收益率提高时,对哪一个方案有利？为什么？

（4）若 3 个方案是独立的方案,且有投资资金 450 万元,如何选择最优投资方案？说明理由。

（5）在(4)中,如果投资资金只有 300 万元,又如何选择？说明理由。

4.19 考虑下列四个投资方案,有相同首字母的方案是互斥的,有不同首字母的方案是独立的,基准收益率为15%。

投资方案	投资金额/元
A_1	90 000
A_2	120 000
B_1	80 000
B_2	100 000

在表4.14中列出了所有可能组合方案的差额内部收益率,不投资方案为不可行方案。如果仅能筹集到200 000元资本用于投资,最优投资方案是什么?为什么?

表 4.14

ΔIRR	A_1	A_2	B_1	B_2	A_1+B_1	A_1+B_2	A_2+B_1	A_2+B_2
A_1	—							
A_2	16%	—						
B_1	40%	20%	—					
B_2	30%	8%	35%	—				
A_1+B_1	13%	10%	17%	9%	—			
A_1+B_2	18%	18%	24%	17%	35%	—		
A_2+B_1	14%	13%	16%	14%	16%	4%	—	
A_2+B_2	17%	17%	22%	16%	22%	22%	35%	—

4.20 有4个互斥的投资方案,各方案投资均发生在第1年年初。按投资额从大到小排序为A、B、C、D,投资大的方案与投资小的方案相比,虽然增加了投资额,但带来了年运营费用的节省。4个方案的寿命均为10年,且必须在这4个方案中选择一个投资。设基准收益率为10%,差额方案相关数据见表4.15。

表 4.15

差额方案	A−B	B−C	C−D
增加的投资额/元	80 000	40 000	10 000
节省的年运营费用/元	11 000	7 000	2 000
寿命期末残值差(均为正值)/元	10 000	4 000	2 000
计算的 ΔIRR	8%	12%	16%

(1) 在这 4 个方案应选择哪个方案投资最有利？为什么？
(2) 计算(C−D)差额方案的差额净现值。

4.21 这是一项关于某大楼层数经济性问题的研究。经测算，不同层数及其差额投资收益率如图 4.4 所示(注：在每个区间内，如 8~15 层范围内，每增加一层，差额投资收益率均为 18%；两区间之间，如 8 层比 7 层的差额投资收益率也为 18%)。城市规划规定该建筑物最高不超过 240 米，即最高 75 层。该大楼的投资者希望该项投资至少能获得 15% 的年收益率。

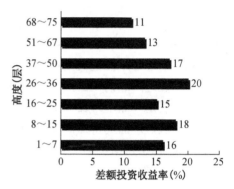

图 4.4

(1) 该大楼建多少层最经济？为什么？
(2) 你是否能肯定投资该大楼是合算的？为什么？

4.22 如图 4.5 所示现金流量图，已知 i, R, m，且 R 以 m 年为周期，每周期发生一次，假设 $n \to \infty$。试证明该现金流量的现值

$$P = \frac{R}{(1+i)^m - 1}$$

图 4.5

4.23 某天桥工程有 A、B、C 三个设计方案，通行能力相同，各方案的初期造价分别为 400 万元、450 万元、500 万元，年维修和维护费分别为 15 万元、10 万元、5 万元，均需每 10 年加固大修一次，费用分别为 80 万元、50 万元和 30 万元。$i_c = 10\%$。如果需要永久性地使用该天桥，哪个方案经济？

4.24 一企业拟投资某产品生产线，生产线的某种设备有 A、B、C 三种型号可供选择，三种型号的生产能力相同，其他数据见表 4.16。设企业的基准投资收益率为 10%，试在下面 4 种不同的情况下，选择最经济的型号。

表 4.16 单位:万元

型号	初始购置安装费	年运行维护费用	使用寿命	寿命期末设备净残值
A	100	8	15	10
B	80	10	10	8
C	50	12	5	5

(1) 不考虑产品生命周期的长短,如何选择?
(2) 假定产品的寿命周期为10年,完全承认设备未使用价值,如何选择?
(3) 假定产品的寿命周期为10年,完全不承认设备未使用价值,如何选择?
(4) 假定产品的寿命周期为10年,A、B、C三种型号的设备未使用价值(不含设备寿命期期末净残值)以初始购置安装费为基数平均每年递减率分别为8%、12%、18%,如何选择?

4.25 某公司正在研究2个地区5个投资项目建议,数据见表4.17。公司中在每个地区至多选择一个项目进行投资,地区之间是相互独立的。基准收益率为10%。

表 4.17

地区	项目方案	初期投资/万元	年净收益/万元	使用寿命/年
C	C_1	200	76	6
C	C_2	260	80	9
C	C_3	280	100	6
D	D_1	100	50	6
D	D_2	170	60	9

(1) 若没有投资资金的限制,则如何选择最有利?
(2) 若投资资金限额为375万元,则应如何选择?
(3) 若选择寿命短的方案寿命期为研究期,完全不承认方案研究期期末的残值,在(1)和(2)两种情况下又分别如何选择?

4.26 某施工企业为适应目前工程中大面积土方开挖任务需要,拟引进一套现代化挖土机设备。现有A、B两种型号可供选择,初始购置费分别为20万元和30万元,挖土费用分别为每立方米10元和8.5元。该企业基准投资收益率为10%,设备使用年限为10年。每年挖土量为多少时选A型号有利?

4.27 一个设计师正在为一种自动喷涂设备的电机的选择而犯愁。有两个型号的电机可选择,输出功率均为9 kW。电动机A的购置费为10 000元,运行负荷效率为88%;电动机B的购置费为8 000元,运行负荷效率为85%(注:电动机的输入功率＝输出功率/效率)。他估计用户平均每年使用天数为250天,每天运行时间在4～12小时不等,设备的使用寿命为5年。电价为0.7元/度(千瓦·时,kW·h)。请根据不同用户每天所需要的不同运行时间,为该设计师提供电动机选择的建议。

4.28 龙泰工程公司文件档案部门每年需要将1 200 000页文件纸张打三孔以便装订,另有250 000页文件纸张需要进行方角切圆。目前打孔和切角的业务委托一家商务印刷公司,每千页的费用分别为3.8元和3.5元。为节省成本,公司打算自行购置纸张加工设备,有两个可以选择的方案:(A)考虑到切角的纸张数量较少,只购置一台专用的打孔机;(B)购置一台打孔切角两用机。两个方案的成本数据见表4.18。公司的投资基准收益率为10%。

表4.18

项　　目	打孔机	打孔切角两用机
初始购置费	10 000元	18 000元
使用年限	15年	15年
期末残值	1 500元	2 000元
维修保养费	235元/年	460元/年
打孔电力、油料费	1.0元/千页	1.0元/千页
打孔人工费	1.2元/千页	1.2元/千页
切角电力、油料费	—	0.9元/千页
切角人工费	—	1.1元/千页

(1) 如果公司决定由公司档案部门自行承担全部的或部分的文件纸张加工工作,选择什么方案最经济?

(2) 从经济分析的角度,根据题干中提供的背景情况,分析是否还存在第3个可供选择的方案? 如果存在,请说明第三个方案,并分析确定三个方案中最经济的方案。

习题解析

4.1 解:

各方案和差额方案的净现金流量及各方案和差额方案的净现值、差额净现值与差额内部收益率计算结果见表4.19,最佳方案为C方案。

表 4.19

方案	年末净现金流量											NPV/ΔNPV	IRR/ΔIRR
	0	1	2	3	4	5	6	7	8	9	10		
A	−140	24	24	24	24	24	24	24	24	24	149	11	17%
B	−190	31	31	31	31	31	31	31	31	31	186	4	16%
C	−220	41	41	41	41	41	41	41	41	41	216	29	18%
A−0	−140	24	24	24	24	24	24	24	24	24	149	11	17%
B−A	−50	7	7	7	7	7	7	7	7	7	37	−7	11%
C−A	−80	17	17	17	17	17	17	17	17	17	67	18	21%

4.2 解:

(1) 可采用净现值法、年值法、差额净现值法或差额内部收益率法进行比较,确定最优方案。这里采用净现值法,计算结果见表 4.20,显见 E 方案净现值最大,所以 E 方案是最优方案。

表 4.20

方案	年末净现金流量							NPV	IRR
	0	1	2	3	4	5	6		
A	−100	35	35	35	35	35	35	52	26%
B	−200	50	50	50	50	50	50	18	13%
C	−300	95	95	95	95	95	95	114	22%
D	−400	120	120	120	120	120	120	123	20%
E	−500	152	152	152	152	152	152	162	20%

(2) 分析在什么情况下方案的最优性问题,首先要考虑各种可能的变量。在确定性分析时,一般可认为方案各自的现金流量是一个固定值,变化的是投资者所期望的最低收益率(基准收益率、折现率)。当然,在不确定性分析时会考虑方案现金流量的变化情况,这将在不确定性分析一章中解决这一类的问题。所以,这里考虑的变化情况是折现率的变化,显然采用差额内部收益率法是较方便的。计算出各方案之间的差额内部收益率(表 4.21),结合内部收益率进行比较。

表 4.21

方案	IRR	差额内部收益率			
		A	B	C	D
A	26%				
B	13%	−3%			
C	22%	20%	39%		
D	20%	18%	26%	13%	
E	20%	19%	25%	18%	23%

从表 4.21 的 C 列上来看,当折现率大于 18% 时,才能保证 C 优于 D、E 方案,而且 C 方案的内部收益率为 22%,也大于 18%,所以初步可确定出最优的折现率区域是 (18%,22%];但是从 C 行上来看,折现率高于 20%,因 $\Delta IRR_{C-A} = 20\%$,所以 C 方案劣于 A 方案(A 方案内部收益率 26%)。因此,最终可确定当 $18\% < i_c \leqslant 20\%$ 时,C 方案才能成为最优方案。

如果绘制出各方案的净现值函数图(图 4.6),我们可以更直接地观察到这一结论(图中各函数曲线的交点对应的折现率就是各方案之间的差额内部收益率)。

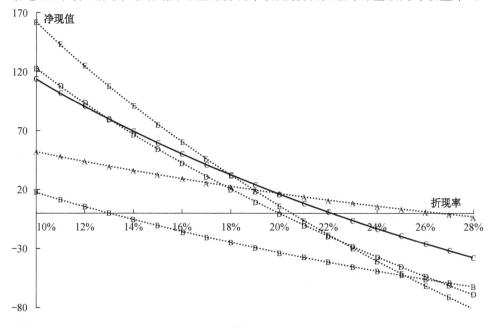

图 4.6

4.3 解:

这是现金流量相关型的两个项目(方案),可以通过转换为 3 个互斥的项目方案,即 A、B、A+B,各方案现金流量见表 4.22,计算出 3 个方案的净现值比较大小就可以确定最优方案。

表 4.22　　　　　　　　　　　　　　　　　　　　单位:万元

方 案	年末净现金流量			
	0	1	2	3～32
铁路(A)	−30 000	−30 000	−30 000	15 000
公路(B)	−15 000	−15 000	−15 000	9 000
铁路+公路(A+B)	−45 000	−45 000	−45 000	17 250

$$NPV_A = -30\ 000 - 30\ 000(P/A, 10\%, 2)$$
$$+ 15\ 000(P/A, 10\%, 30)(P/F, 10\%, 2)$$
$$= 34\ 796(万元)$$
$$NPV_B = -15\ 000 - 15\ 000(P/A, 10\%, 2)$$
$$+ 9\ 000(P/A, 10\%, 30)(P/F, 10\%, 2)$$
$$= 29\ 084(万元)$$
$$NPV_{A+B} = -45\ 000 - 45\ 000(P/A, 10\%, 2)$$
$$+ 17\ 250(P/A, 10\%, 30)(P/F, 10\%, 2)$$
$$= 11\ 293(万元)$$

显然,A 方案(单建铁路项目)是最优方案。

4.4 解:

(1) 该题没有给出基准收益率,可分为几种情况讨论:
① 若 $i_c \leqslant 1\%$
由于 $\Delta IRR_{\text{II}-\text{I}} = 21\%$,因此方案 II 优于方案 I;
由于 $\Delta IRR_{\text{III}-\text{II}} = 12\%$,因此方案 III 优于方案 II;
所以,应选择方案 III。
② 若 $1\% < i_c \leqslant 8\%$
由于 $IRR_{\text{I}} = 1\% < i_c$,因此方案 I 是不可行方案。
方案 II、III 的 $\Delta IRR_{\text{III}-\text{II}} = 12\% > i_c$,也应选择方案 III。
③ 若 $8\% < i_c \leqslant 11\%$
由于 $IRR_{\text{I}} = 1\% < i_c$,$IRR_{\text{II}} = 8\% < i_c$,因此方案 I、II 都是不可行方案。
而 $IRR_{\text{III}} = 11\% \geqslant i_c$,则也应选择方案 III。
④ 若 $i_c > 11\%$
则方案 I、II、III 都是不可行方案。

(2) 属于(1)中的第④种情况,显然一个方案都不选。

(3) 根据 IRR,可以看出,要淘汰其他方案,初步可以确定 $i_c > 14\%$ 即可,当然为了保证选择方案Ⅳ正确,所以还必须 $i_c \leqslant 15\%$。进一步,还需要根据 ΔIRR 核实低限是否可再低。如果 $i_c = 14\%$,则方案Ⅵ也是可行方案,且 $\Delta IRR_{\text{Ⅵ-Ⅳ}} = 14\%$,则就可能选择方案Ⅵ。

因此,最终可确定要保证选择方案Ⅳ是正确的,则 $14\% < i_c \leqslant 15\%$

(4) $i_c = 10\%$,则方案Ⅰ、Ⅱ不可行。

再看其他方案的差额内部收益率:

$\Delta IRR_{\text{Ⅳ-Ⅲ}} = 17\% > i_c = 10\%$,Ⅳ为当前最优;

$\Delta IRR_{\text{Ⅴ-Ⅳ}} = 9\% < i_c = 10\%$,Ⅳ仍为当前最优;

$\Delta IRR_{\text{Ⅵ-Ⅳ}} = 14\% > i_c = 10\%$,Ⅵ为当前最优,则最终应选择方案Ⅵ。

(5) $i_c = 15\%$,则除了方案Ⅳ外,其他方案均不可行。所以,最终应选择方案Ⅳ。

4.5 解:

(1) 如公司有足够的资本,则属于无资源约束型的独立方案选择问题。因此,只要每个方案本身在经济上可以接受,都可以选择。计算出各方案的 NPV 或 IRR(注意各方案投资均发生在第 1 年年初,计算结果见表 4.23),就可以做出判断。显然,因 A、F 方案的净现值小于 0(内部收益率小于基准收益率 10%)不可行被拒绝,则应选择 B、C、D、E 方案。

表 4.23　　　　　　　　　　　　　　单位:元

方案		A	B	C	D	E	F
年末净现金流量	0	−80 000	−40 000	−10 000	−30 000	−15 000	−90 000
	1	11 000	8 000	2 000	7 150	2 500	14 000
	2	11 000	8 000	2 000	7 150	2 500	14 000
	3	11 000	8 000	2 000	7 150	2 500	14 000
	4	11 000	8 000	2 000	7 150	2 500	14 000
	5	11 000	8 000	2 000	7 150	2 500	14 000
	6	11 000	8 000	2 000	7 150	2 500	14 000
	7	11 000	8 000	2 000	7 150	2 500	14 000
	8	11 000	8 000	2 000	7 150	2 500	14 000
	9	11 000	8 000	2 000	7 150	2 500	14 000
	10	11 000	8 000	2 000	7 150	2 500	14 000
NPV		−12 410	9 157	2 289	13 934	361	−3 976
IRR		6.25%	15.10%	15.10%	19.98%	10.56%	8.96%

(2) 如仅有 90 000 元，属于资源约束型的独立方案选择，显然由于 A、F 方案不可行，不再考虑，剩余的 B、C、D、E 4 个方案进行组合（表 4.24），确定最优组合方案。根据表 4.24 可看出，B+C+D 组合方案净现值最大，因此应选择 B、C、D 三个方案进行投资。如果手工计算，可充分利用"组合方案的净现值等于被组合各方案的净现值之和"这个定理，可减少计算工作量。这里顺便将各组合方案的 IRR 计算出来（表 4.24），可看出 D 及 C+D 组合方案的 IRR 均大于 B+C+D 组合方案的 IRR，由此验证了不能以内部收益率大小判断方案优劣的原则。

表 4.24

组合方案	年末净现金流量											NPV	IRR
	0	1	2	3	4	5	6	7	8	9	10		
0	0	0	0	0	0	0	0	0	0	0	0	0	0
B	−40 000	8 000	8 000	8 000	8 000	8 000	8 000	8 000	8 000	8 000	8 000	9 157	15%
C	−10 000	2 000	2 000	2 000	2 000	2 000	2 000	2 000	2 000	2 000	2 000	2 289	15%
D	−30 000	7 150	7 150	7 150	7 150	7 150	7 150	7 150	7 150	7 150	7 150	13 934	20%
E	−15 000	2 500	2 500	2 500	2 500	2 500	2 500	2 500	2 500	2 500	2 500	361	11%
B+C	−50 000	10 000	10 000	10 000	10 000	10 000	10 000	10 000	10 000	10 000	10 000	11 446	15%
B+D	−70 000	15 150	15 150	15 150	15 150	15 150	15 150	15 150	15 150	15 150	15 150	23 090	17%
B+E	−55 000	10 500	10 500	10 500	10 500	10 500	10 500	10 500	10 500	10 500	10 500	9 518	14%
C+D	−40 000	9 150	9 150	9 150	9 150	9 150	9 150	9 150	9 150	9 150	9 150	16 223	19%
C+E	−25 000	4 500	4 500	4 500	4 500	4 500	4 500	4 500	4 500	4 500	4 500	2 651	12%
D+E	−45 000	9 650	9 650	9 650	9 650	9 650	9 650	9 650	9 650	9 650	9 650	14 295	17%
B+C+D	−80 000	17 150	17 150	17 150	17 150	17 150	17 150	17 150	17 150	17 150	17 150	25 379	17%
B+C+E	−65 000	12 500	12 500	12 500	12 500	12 500	12 500	12 500	12 500	12 500	12 500	11 807	14%
B+D+E	−85 000	17 650	17 650	17 650	17 650	17 650	17 650	17 650	17 650	17 650	17 650	23 452	16%
C+D+E	−55 000	11 650	11 650	11 650	11 650	11 650	11 650	11 650	11 650	11 650	11 650	16 584	17%
B+C+D+E	−95 000	19 650	19 650	19 650	19 650	19 650	19 650	19 650	19 650	19 650	19 650	投资超限	

(3) 根据(1)中的计算结果，可以看到 D 方案 IRR 最高，D 方案投资为 30 000 元，剩余 60 000 元用于其他机会，假设这个其他机会为 G 方案（图 4.7），根据题意，$IRR_G=15\%$。这时需要计算出 D+G 这一投资组合的 NPV_{D+G}，与 NPV_{B+C+D} 进行比较。

为此,首先确定 G 方案的年净收益 x(净现金流量),然后再计算出 NPV_{D+G}。

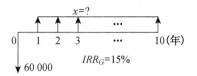

图 4.7

根据 $NPV_G(IRR=15\%)=-60\,000+x(P/A,15\%,10)=0$,可求得 $x=11\,955$,则 D+G 方案如图 4.8 所示,可计算出

$$NPV_{D+G}=-90\,000+(7\,150+11\,955)(P/A,10\%,10)=27\,393$$

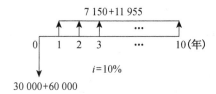

图 4.8

显然,$NPV_{D+G}>NPV_{B+C+D}>0$,所以该项投资组合优于 B+C+D 投资组合。

(4) 如果是互斥方案,则只要比较 NPV 的大小就行,从(1)的计算结果中可看出 D 方案的 NPV 最大且大于 0,所以 D 方案为最优方案。

4.6 解:

(1) 可假设折现率为 20%,分别计算出各方案的净现值或者内部收益率(表 4.25)。因 A、B、C 是独立方案,且没有资源限制,B 方案 $NPV<0$(或 $IRR<20\%$(被淘汰),所以应选 A+C。

表 4.25 单位:万元

方案	年末净现金流量					NPV	IRR
	0	1	2	3	4		
A	-170	100	80	60	40	22.90	28.19%
B	-222	40	70	100	130	-19.49	16.07%
C	-207	80	80	80	80	0.10	20.03%

(2) 列出所有的可能组合,并淘汰每年收入不足 140 万元的组合方案(表

4.26)。只有 A+B 和 A+B+C 方案满足条件,计算出两方案的 NPV(按基准收益率 15% 计算),比较大小,显然应选择 A+B+C。

表 4.26　　　　　　　　　　　　　　　　　　　单位:万元

组合方案	年末净现金流量					是否满足每年收入≥140 条件	NPV	IRR
	0	1	2	3	4			
0	0	0	0	0	0	否		
A	−170	100	80	60	40	否		
B	−222	40	70	100	130	否		
C	−207	80	80	80	80	否		
A+B	−392	140	150	160	170	是	45.56	20.44%
B+C	−429	120	150	180	210	否		
A+C	−377	180	160	140	120	否		
A+B+C	−599	220	230	240	250	是	66.96	20.30%

4.7 解:

此题属于收益未知且相同的互斥方案比较,可采用最小费用法。第一种方法是计算 PC 比较(表 4.27),第二种方法是计算 AC 比较(表 4.27),第三种方法是计算差额净现值(表 4.28),第四种方法是计算差额内部收益率(表 4.28)。四种方法的任一种计算结果都显示出 B 方案是最优方案。

表 4.27　　　　　　　　　　　　　　　　　　　单位:元

方案		A 方案(35 cm)		B 方案(40 cm)		C 方案(45 cm)	
		费用	回收净价值	费用	回收净价值	费用	回收净价值
年末费用现金流	0	180 000		250 000		340 000	
	1	64 000		44 000		28 000	
	2	64 000		44 000		28 000	
	3	64 000		44 000		28 000	
	4	64 000		44 000		28 000	
	5	64 000	−52 000	44 000	−80 000	28 000	−116 000
PC		395 141		369 150		373 518	
AC		101 588		94 906		96 029	

表 4.28 单位:元

差额方案	年末净现金流量						ΔNPV	ΔIRR	判断
	0	1	2	3	4	5			
B－A	－70 000	20 000	20 000	20 000	20 000	48 000	25 991	21%	B优于A
C－B	－90 000	16 000	16 000	16 000	16 000	52 000	－4 368	7%	B优于C

4.8 解：

采用最小费用法，计算年费用、费用现值进行比较，也可采用差额净现值、差额内部收益率法比较。这里计算费用现值进行比较（表 4.29），3 号方案费用最小，所以绝热厚度 3.7 cm 为最佳材料厚度。

表 4.29

方案序号		0	1	2	3	4	5	6
绝热厚度(cm)		0	1.8	2.43	3.7	5.61	7.51	8.78
年末费用流量	0	0	2 700	3 818	5 010	6 540	8 595	10 920
	1	2 700	1 350	885	675	540	465	428
	2	2 700	1 350	885	675	540	465	428
	3	2 700	1 350	885	675	540	465	428
	4	2 700	1 350	885	675	540	465	428
	5	2 700	1 350	885	675	540	465	428
	6	2 700	1 350	885	675	540	465	428
	7	2 700	1 350	885	675	540	465	428
	8	2 700	1 350	885	675	540	465	428
	9	2 700	1 350	885	675	540	465	428
	10	2 700	1 350	885	675	540	465	428
	11	2 700	1 350	885	675	540	465	428
	12	2 700	1 350	885	675	540	465	428
	13	2 700	1 350	885	675	540	465	428
	14	2 700	1 350	885	675	540	465	428
	15	2 700	1 350	885	675	540	465	428
PC		23 111	14 255	11 393	10 788	11 162	12 575	14 583

4.9 解:

这是一组独立方案,可以采用方案组合法进行选择。尽管 3 个独立方案共有 8 个组合方案,即 0、A、B、C、A+B、B+C、C+A、A+B+C,但是根据题意,要尽可能扩大装卸能力且每种系统最多只需一套,所以 0、A、B、C 四个方案淘汰,另外因有 140 万元的投资资金限额,所以 A+B+C 方案(投资额 197 万元)也不可行。因此,只有 A+B、B+C、C+A 这三个组合方案满足条件(表 4.30)。按最小费用法,可以得出最优的组合方案是 C+A。

表 4.30　　　　　　　　　　　　　　　　　　单位:元

方案序号		A+B	B+C	C+A
	0	1 250 000	1 320 000	1 370 000
年末费用现金流量	1	196 810	179 945	166 755
	2	196 810	179 945	166 755
	3	196 810	179 945	166 755
	4	196 810	179 945	166 755
	5	196 810	179 945	166 755
	6	196 810	179 945	166 755
	7	196 810	179 945	166 755
	8	196 810	179 945	166 755
	9	196 810	179 945	166 755
	10	196 810	179 945	166 755
PC		2 237 744	2 223 102	2 206 905

4.10 解:

(1) 两方案的现金流量图如图 4.9 所示,其中图 4.9(b)中 B 方案的附加设备是 B 方案的从属方案。附加设备只有 20 年使用寿命,根据重复型更新假设理论,可在 20 年使用寿命期结束后以同型号的附加设备进行更新(虚线部分)。

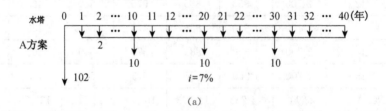

(a)

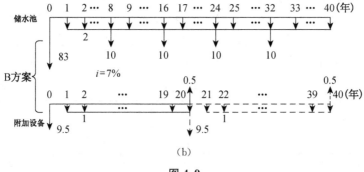

图 4.9

采用最小费用法,可计算两方案的费用现值或年费用进行比较,从现金流量特点来看,计算年费用更方便。

$$AC_A = [102 + 10(P/F, 7\%, 10) + 10(P/F, 7\%, 20)$$
$$+ 10(P/F, 7\%, 30)](A/P, 7\%, 40) + 2$$
$$= 10.32$$

$$AC_B = \{[83 + 10(P/F, 7\%, 8) + 10(P/F, 7\%, 16)$$
$$+ 10(P/F, 7\%, 24) + 10(P/F, 7\%, 32)] \times (A/P, 7\%, 40)$$
$$+ 2\} + [9.5(A/P, 7\%, 20) + 1 - 0.5(A/F, 7\%, 20)]$$
$$= 11.03$$

如计算费用现值,分别为 $PC_A = 138$、$PC_B = 147$,所以 A 方案(建水塔)为优。

(2) 若永久性地使用储水设施,即通过周期性的大修,使储水设施使用寿命趋向于无穷。所以,费用现值或年费用计算采用寿命无穷时的资金时间价值计算公式 $P = A/i$ 或 $A = P \times i$,其中 B 方案的附加设备可以设为每 20 年更新一次直至无穷。据此,可计算两方案的年费用如下,可见仍是 A 方案为优。

$$AC_A = 102 \times 7\% + 10(A/F, 7\%, 10) + 2 = 9.86$$
$$AC_B = [83 \times 7\% + 10(A/F, 7\%, 8) + 2] + [9.5(A/P, 7\%, 20) +$$
$$1 - 0.5(A/F, 7\%, 20)] = 10.67$$

4.11 解:

本题是混合型多方案选择问题,采用方案组合进行优选。列出所有的可能组合方案,根据题意,选择任何方案对生产没有影响,所以可采用最小费用法,计算各组合方案的费用现值或年值进行比较。此题计算工程量较大,可采用电子表格进行计算,如手工计算可根据"组合方案的费用现值为被组合方案费用现值之和"的定理。所以,可按题中给出的原始方案计算各自的费用现值(表 4.31),然后再按费用现值之和方法计算组合方案费用现值(表 4.32)。由于此题组合方案数量较大,建议采用电子表格的筛选和排序等功能确定最优组合。手工筛选则可根据投资额和 PC 值大小,采用勾画排除法确定。

表 4.31 单位:元

原始方案	年末费用现金流量											PC
	0	1	2	3	4	5	6	7	8	9	10	
A_1+B_1	20 000	20 000	20 000	20 000	20 000	20 000	20 000	20 000	20 000	20 000	20 000	142 891
A_1+B_2	30 000	15 000	15 000	15 000	15 000	15 000	15 000	15 000	15 000	15 000	15 000	122 169
A_2+B_1	30 000	16 000	16 000	16 000	16 000	16 000	16 000	16 000	16 000	16 000	16 000	128 313
A_2+B_2	40 000	14 000	14 000	14 000	14 000	14 000	14 000	14 000	14 000	14 000	14 000	126 024
A_3+B_1	45 000	11 000	11 000	11 000	11 000	11 000	11 000	11 000	11 000	11 000	11 000	112 590
A_3+B_2	55 000	10 000	10 000	10 000	10 000	10 000	10 000	10 000	10 000	10 000	10 000	116 446
C_0	0	10 000	10 000	10 000	10 000	10 000	10 000	10 000	10 000	10 000	10 000	61 446
C_1	10 000	6 000	6 000	6 000	6 000	6 000	6 000	6 000	6 000	6 000	6 000	46 867
C_2	20 000	4 000	4 000	4 000	4 000	4 000	4 000	4 000	4 000	4 000	4 000	44 578
D_0	0	5 000	5 000	5 000	5 000	5 000	5 000	5 000	5 000	5 000	5 000	30 723
D_1	5 000	3 500	3 500	3 500	3 500	3 500	3 500	3 500	3 500	3 500	3 500	26 506
D_2	15 000	3 000	3 000	3 000	3 000	3 000	3 000	3 000	3 000	3 000	3 000	33 434

表 4.32

序号	组合方案	总投资	PC	不同情况下的最优方案
1	$A_1+B_1+C_0+D_0$	20 000	235 060	
2	$A_1+B_1+C_0+D_1$	25 000	230 843	
3	$A_1+B_1+C_0+D_2$	35 000	237 771	
4	$A_1+B_1+C_1+D_0$	30 000	220 482	
5	$A_1+B_1+C_1+D_1$	35 000	216 265	
6	$A_1+B_1+C_1+D_2$	45 000	223 192	
7	$A_1+B_1+C_2+D_0$	40 000	218 192	
8	$A_1+B_1+C_2+D_1$	45 000	213 976	
9	$A_1+B_1+C_2+D_2$	55 000	220 903	
10	$A_1+B_2+C_0+D_0$	30 000	214 337	

续表 4.32

序号	组合方案	总投资	PC	不同情况下的最优方案
11	$A_1+B_2+C_0+D_1$	35 000	210 120	
12	$A_1+B_2+C_0+D_2$	45 000	217 048	
13	$A_1+B_2+C_1+D_0$	40 000	199 759	
14	$A_1+B_2+C_1+D_1$	45 000	195 542	投资限额 50 000 元时的最优方案
15	$A_1+B_2+C_1+D_2$	55 000	202 470	
16	$A_1+B_2+C_2+D_0$	50 000	197 470	
17	$A_1+B_2+C_2+D_1$	55 000	193 253	
18	$A_1+B_2+C_2+D_2$	65 000	200 180	
19	$A_2+B_1+C_0+D_0$	30 000	220 482	
20	$A_2+B_1+C_0+D_1$	35 000	216 265	
21	$A_2+B_1+C_0+D_2$	45 000	223 192	
22	$A_2+B_1+C_1+D_0$	40 000	205 903	
23	$A_2+B_1+C_1+D_1$	45 000	201 686	
24	$A_2+B_1+C_1+D_2$	55 000	208 614	
25	$A_2+B_1+C_2+D_0$	50 000	203 614	
26	$A_2+B_1+C_2+D_1$	55 000	199 397	
27	$A_2+B_1+C_2+D_2$	65 000	206 325	
28	$A_2+B_2+C_0+D_0$	40 000	218 192	
29	$A_2+B_2+C_0+D_1$	45 000	213 976	
30	$A_2+B_2+C_0+D_2$	55 000	220 903	
31	$A_2+B_2+C_1+D_0$	50 000	203 614	
32	$A_2+B_2+C_1+D_1$	55 000	199 397	
33	$A_2+B_2+C_1+D_2$	65 000	206 325	
34	$A_2+B_2+C_2+D_0$	60 000	201 325	
35	$A_2+B_2+C_2+D_1$	65 000	197 108	
36	$A_2+B_2+C_2+D_2$	75 000	204 036	
37	$A_3+B_1+C_0+D_0$	45 000	204 759	
38	$A_3+B_1+C_0+D_1$	50 000	200 542	
39	$A_3+B_1+C_0+D_2$	60 000	207 470	

续表 4.32

序号	组合方案	总投资	PC	不同情况下的最优方案
40	$A_3+B_1+C_1+D_0$	55 000	190 180	
41	$A_3+B_1+C_1+D_1$	60 000	185 964	投资限额 60 000 元时的最优方案
42	$A_3+B_1+C_1+D_2$	70 000	192 891	
43	$A_3+B_1+C_2+D_0$	65 000	187 891	
44	$A_3+B_1+C_2+D_1$	70 000	183 674	无投资限额及投资限额 70 000 元时的最优方案
45	$A_3+B_1+C_2+D_2$	80 000	190 602	
46	$A_3+B_2+C_0+D_0$	55 000	208 614	
47	$A_3+B_2+C_0+D_1$	60 000	204 397	
48	$A_3+B_2+C_0+D_2$	70 000	211 325	
49	$A_3+B_2+C_1+D_0$	65 000	194 036	
50	$A_3+B_2+C_1+D_1$	70 000	189 819	
51	$A_3+B_2+C_1+D_2$	80 000	196 747	
52	$A_3+B_2+C_2+D_0$	75 000	191 747	
53	$A_3+B_2+C_2+D_1$	80 000	187 530	
54	$A_3+B_2+C_2+D_2$	90 000	194 458	

4.12 解:

该题属于收益不同(两型号车年行驶里程不同)且未知的互斥方案比较问题,采用最低价格法。

(1)计算两型号车的年费用(表 4.33)

表 4.33   单位:万元

型号	工资	其他运行费用(燃油等)	合计
A	3	$\frac{50}{5} \times 1 = 10$	13
B	3	$\frac{40}{5} \times 1.1 = 8.8$	11.8

(2)计算两型号车的费用现值

$PC_A = 20 + 13 \times (P/A, 10\%, 5) - 20 \times 20\% \times (P/F, 10\%, 5)$
$= 66.80(万元)$

$PC_B = 15 + 11.8 \times (P/A, 10\%, 5) - 15 \times 20\% \times (P/F, 10\%, 5)$
$= 57.87(万元)$

(3) 计算两型号车的最低价格，比较优劣

$$P_{min}^{A} = \frac{66.80}{\frac{50}{5} \times (P/A, 10\%, 5)} = 1.76(万元)$$

$$P_{min}^{B} = \frac{57.87}{\frac{40}{5} \times (P/A, 10\%, 5)} = 1.91(万元)$$

由于 $P_{min}^{A} < P_{min}^{B}$，所以应选择 A 型卡车。

4.13 解：

(1) 这是一混合型方案选择问题。严格的解法，是要列出所有的可能组合（A_0、B_0、C_0 表示不选该字母代表的方案），共 36 个。

(2) 由于各方案的寿命相等，所以组合方案的净现值为被组合方案的净现值之和。上述组合方案净现值计算结果见表 4.34，选择 A_1、B_1 和 C_1 最有利。

表 4.34   单位：元

序号	组合方案	开发费用	净现值	方案排除与选择
1	$A_0+B_0+C_0$	0	0	
2	$A_0+B_0+C_1$	800 000	121 685	
3	$A_0+B_0+C_2$	1 000 000	75 299	
4	$A_0+B_1+C_0$	600 000	45 180	
5	$A_0+B_1+C_1$	1 400 000	166 865	
6	$A_0+B_1+C_2$	1 600 000	120 479	
7	$A_0+B_2+C_0$	675 000	13 192	
8	$A_0+B_2+C_1$	1 475 000	134 877	
9	$A_0+B_2+C_2$	1 675 000	88 491	
10	$A_1+B_0+C_0$	500 000	53 011	
11	$A_1+B_0+C_1$	1 300 000	174 696	
12	$A_1+B_0+C_2$	1 500 000	128 310	
13	$A_1+B_1+C_0$	1 100 000	98 191	
14	$A_1+B_1+C_1$	1 900 000	219 876	最优方案
15	$A_1+B_1+C_2$	2 100 000	173 490	
16	$A_1+B_2+C_0$	1 175 000	66 203	
17	$A_1+B_2+C_1$	1 975 000	187 888	
18	$A_1+B_2+C_2$	2 175 000	141 502	开发费用超出限定，排除
19	$A_2+B_0+C_0$	650 000	25 902	

续表 4.34

序号	组合方案	开发费用	净现值	方案排除与选择
20	$A_2+B_0+C_1$	1 450 000	147 587	
21	$A_2+B_0+C_2$	1 650 000	101 201	
22	$A_2+B_1+C_0$	1 250 000	71 082	
23	$A_2+B_1+C_1$	2 050 000	192 767	
24	$A_2+B_1+C_2$	2 250 000	146 381	开发费用超出限定,排除
25	$A_2+B_2+C_0$	1 325 000	39 094	
26	$A_2+B_2+C_1$	2 125 000	160 779	开发费用超出限定,排除
27	$A_2+B_2+C_2$	2 325 000	114 393	开发费用超出限定,排除
28	$A_3+B_0+C_0$	700 000	6 625	
29	$A_3+B_0+C_1$	1 500 000	128 310	
30	$A_3+B_0+C_2$	1 700 000	81 924	
31	$A_3+B_1+C_0$	1 300 000	51 805	
32	$A_3+B_1+C_1$	2 100 000	173 490	
33	$A_3+B_1+C_2$	2 300 000	127 104	开发费用超出限定,排除
34	$A_3+B_2+C_0$	1 375 000	19 817	
35	$A_3+B_2+C_1$	2 175 000	141 502	开发费用超出限定,排除
36	$A_3+B_2+C_2$	2 375 000	95 116	开发费用超出限定,排除

这组混合方案有一个特别之处,即组别的产品中,开发费用最小的产品 A_1、B_1、C_1,净现值都是最大的,且 $A_1+B_1+C_1$ 的开发费用为 1 900 000 元,没有超过 2 100 000 元的开发资金限额,所以最有利的选择是 A_1、B_1 和 C_1。但是,需要注意的是,这只是一种特殊情况。在很多情况下,从每个独立方案选择净现值最大的互斥方案进行组合不一定能保证获得最优的策略,可靠的方法还是采用组合法。

4.14 解:

(1) C 投资机会的年有效利率为

$$i^C = \left(1+\frac{9.57\%}{12}\right)^{12} - 1 = 10\%$$

且 $i^C = 10\% > i^B = 5\% > i^A = 3\%$

按基准收益率的确定方法,可设定基准收益率为 10%,计算 D 机会的净现值

$$NPV_D = -1\ 000 + 300(P/A, 10\%, 5) = 137 > 0$$

显然,$PNV_A < 0$,$NPV_B < 0$,$NPV_C = 0$

所以,应选择 D 投资机会。

(2) 追加投资后投资朋友的项目可看作是一个新方案,设为 E 方案。
追加的 400 万元可采用差额净现值进行分析

$$\Delta NPV_{E-D} = -400 + 100(P/A, 10\%, 5) = -21 < 0$$

他不应追加投资(实际上,这个 400 万元选择 C,收益更大,读者不妨试算一下)。

(3) 建议:上述的分析中并未考虑投资风险因素,严格意义上投资国债可认为几乎没有风险,而投资朋友项目的风险可能远比购买一个企业债券要大很多。如果在基准收益率中计入投资风险因素,上述的选择需要重新进行分析。

4.15 解:

根据两方案的现金流量图,可看出 A 方案和 B 方案的现金流量符合常规的现金流量特征,因此它们的 NPV 函数均是单调递减的函数。

根据题中的已知条件,由于

当 $i = 0$ 时,$NPV_A(i=0) = \sum_{t=0}^{n} C_A^t$,$NPV_B(i=0) = \sum_{t=0}^{n} C_B^t$

当 $i \to \infty$ 时,$NPV_A \to C_A^0$,$NPV_B \to C_B^0$

而且,由于 A 方案的现金流量是逐年增加的,B 方案的现金流量是逐年减小的,A−B 方案所形成的差额方案现金流量符合常规的现金流量特征,因为它只有一个差额内部收益率,也即 A 方案和 B 方案的净现值函数曲线只有一个交点。据此,绘制出 A 和 B 的 NPV 函数图如图 4.10 所示。

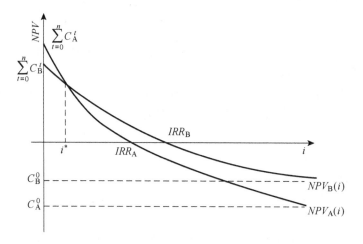

图 4.10

显然,当基准收益率提高时,NPV_B 与 NPV_A 之间的差距越来越小,而当基准收益率大于 i^* 时,$NPV_B > NPV_A$,因此当基准收益率提高时,对 B 方案有利。

4.16 解:

与上题分析结论相同,A、B 两方案净现值函数曲线只有一个交点,显然这个交点在折现率 $i=0$ 处,且据此绘制出的 A 和 B 的 NPV 函数图如图 4.11 所示。

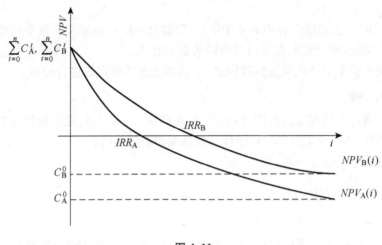

图 4.11

根据 NPV 函数图可判断出:

① 当基准收益率 $i_c \leqslant IRR_B$ 时,B 方案为优;

② 当基准收益率 $i_c > IRR_B$ 时,A、B 两方案均不可行。

4.17 解:

与前两题的解答思路相同,绘制出 3 个方案的 NPV 函数。3 个方案的 NPV 函数均是单调递减的曲线,而且 A-B、B-C、A-C 这 3 个差额方案现金流量在 k 年前都是负的,k 年后都是正的,均满足常规现金流量特征,所以 3 个差额方案均只有一个差额内部收益率,即 A、B、C 这 3 个方案的 NPV 函数曲线两两之间均只有一个交点,即位于折现率 $i=0$ 处。据此,可绘制出 NPV 函数曲线(图 4.12)。

(1) C 方案为优。

由于 $NPV_A(i_c) > 0$、$NPV_B(i_c) > 0$、$NPV_C(i_c) > 0$,基准收益率必处于 $(0, IRR_A)$ 之间,从图中可看出 $NPV_C(i_c) > NPV_B(i_c) > NPV_A(i_c) > 0$,所以 C 方案最优。

(2) 两方案的差额内部收益率为两方案 NPV 函数曲线的交点,A、B、C 三个方案的 NPV 函数两两之间均交于折现率 $i=0$ 处,所以两两之间的差额内部收益率均为 0%。

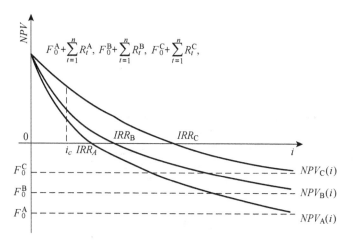

图 4.12

(3) 若 A、B、C 3 个方案是独立方案,由于 $NPV_C(i_c) > NPV_B(i_c) > NPV_A(i_c) > 0$,只要有足够的投资资金,3 个方案投资均是可行的。但因资金限额,共有 8 个投资组合方案,即 0、A、B、C、A+B、B+C、C+A、A+B+C,但投资资金只能满足两个方案的需要,A+B+C 方案被排除,显然因为 $NPV_{B+C}(i_c) = NPV_B(i_c) + NPV_C(i_c)$ 是最大的,所以应选择 B+C。

此问还可以根据内部收益率排序法进行确定,由图 4.12 可看出 $IRR_C > IRR_B > IRR_A > i_c$,因投资只能满足两个方案的需要,所以应选择 B+C。

4.18 解:

(1) 否。因为不能根据 IRR 的大小确实方案的优劣。

(2)

$$NPV_A = -150 + 50(P/A, 10\%, 5) = 40(万元)$$

$$NPV_B = -150 + \frac{30}{1+10\%} + \frac{40}{(1+10\%)^2} + \cdots + \frac{70}{(1+10\%)^5} = 32(万元)$$

$$NPV_C = -150 + \frac{70}{1+10\%} + \frac{60}{(1+10\%)^2} + \cdots + \frac{30}{(1+10\%)^5} = 47(万元)$$

因为 NPV_C 最大且为正,因此 C 方案为最优方案。

(3) 当 i_c 提高时,对 C 方案有利。

因为从 3 个方案的现金流的特征可以看出,3 个方案的现金流之和相等,但是 C 方案前期现金流大,后期现金流小,因此当 i_c 提高时,对 C 方案有利。

此问也可用图解的方法说明这一结论,3 个方案的 NPV 函数如图 4.13 所示。

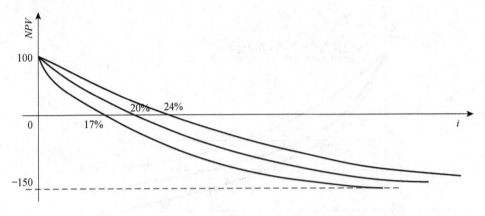

图 4.13

(4) A、B、C 3 个方案均应投资。因为 3 个方案是独立关系,投资资金能满足 3 个方案的投资资金需求,且各方案的 NPV 均大于 0,是经济上可接受的方案,所以 3 个方案均可投资。

(5) 投资资金只有 300 万元时,可采用方案组合方法选择最优投资方案:

组合方案 0, A, B, C, A+B, B+C, C+A, A+B+C,但 A+B+C 投资超过限额,淘汰。

计算出组合方案的净现值(为被组合方案的净现值之和):

$NPV_0 = 0$

$NPV_A = 40$

$NPV_B = 32$

$NPV_C = 47$

$NPV_{A+B} = 72$

$NPV_{B+C} = 79$

$NPV_{C+A} = 87$

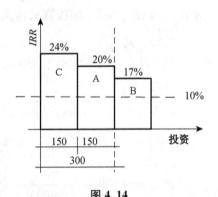

图 4.14

因 A+C 方案的净现值最大且为正,所以最优选择为 A、C。

此问也可用图解方法,绘制内部收益率排序图(图 4.14),进行方案筛选。

4.19 解:

最优投资方案为 A_1 和 B_2。

理由:

这是混合方案的一种类型,即在独立方案下有若干个互斥方案。所有可能的组合方案包括:0 方案(不投资方案)、A_1、A_2、B_1、B_2、A_1+B_1、A_1+B_2、A_2+B_1、A_2+B_2。

因不投资方案不可行,A_2+B_2 方案超过了投资限额,可将这两个方案排除。

余下的方案中,按投资从小到大的顺序排序为

$$B_1、A_1、B_2、A_2、A_1+B_1、A_1+B_2、A_2+B_1$$

按此顺序,根据题目所给的表中提供的差额内部收益率数据进行比较:

① B_1 与 A_1 比较

$\Delta IRR_{B_1-A_1} = 40\% > 15\%$,$B_1-A_1$ 是一个非投资型的现金流量方案,因此应选择 A_1。

② A_1 与 B_2 比较

$\Delta IRR_{B_2-A_1} = 30\% > 15\%$,选择 B_2。

③ B_2 与 A_2 比较

$\Delta IRR_{B_2-A_2} = 8\% < 15\%$,差额方案为非投资型现金流量,选择 B_2。

④ B_2 与 A_1+B_1 比较

$\Delta IRR_{(A_1+B_1)-B_2} = 9\% < 15\%$,仍选择 B_2。

⑤ B_2 与 A_1+B_2 比较

$\Delta IRR_{(A_1+B_2)-B_2} = 17\% > 15\%$,选择 A_1+B_2。

⑥ A_1+B_2 与 A_2+B_1 比较

$\Delta IRR_{(A_2+B_1)-(A_1+B_2)} = 4\% < 15\%$,则仍选择 A_1+B_2。

因此,最后的选择为 A_1 和 B_2。

4.20 解:

(1) 选择 B 方案最为有利。因为

$\Delta IRR_{A-B} = 8\% < i_c = 10\%$,则 B 方案优于 A 方案;

$\Delta IRR_{B-C} = 12\% > i_c = 10\%$,则 B 方案优于 C 方案;

$\Delta IRR_{C-D} = 16\% > i_c = 10\%$,则 C 方案优于 D 方案。

所以,B 方案为最优方案。

(2)

$$\Delta NPV_{C-D} = -10\,000 + 2\,000(P/A, 10\%, 10) + 2\,000(P/F, 10\%, 10)$$
$$= 3\,060$$

4.21 解:

(1) 该大楼建 50 层最经济,因为大楼从 1 层到 75 层构成了 75 个互斥方案,它们之间的选择可根据差额投资收益率的方法原理进行选择,50 层之内各层之间的差额投资收益率均大于 15%,所以每增加一层的增额投资都是合算的,而 50 层

之后,增额投资收益率均小于15%。

(2) 可以肯定。因为按题目中给出的说明,建1层和不建(0层)之间的增额投资收益率为16%,则超过了15%的基本收益率。

4.22 解：

解法一：

m年的有效利率 $i_m=(1+i)^m-1$

根据无限寿命期现值计算公式 $P=\dfrac{R}{i_m}=\dfrac{R}{(1+i)^m-1}$

也可用求极限方法,得到结果：

$$P=\lim_{n\to\infty}R\dfrac{(1+i_m)^{\frac{n}{m}}-1}{i_m(1+i_m)^{\frac{n}{m}}}=\lim_{n\to\infty}\dfrac{R}{i_m}\left[1-\dfrac{1}{(1+i_m)^{\frac{n}{m}}}\right]=\dfrac{R}{i_m}=\dfrac{R}{(1+i)^m-1}$$

得证。

解法二：

考虑将各R换算为前m年的各年等值 $r=R\dfrac{i}{(1+i)^m-1}$

根据无限寿命期现值计算公式 $P=\dfrac{r}{i}=\dfrac{R\dfrac{i}{(1+i)^m-1}}{i}=\dfrac{R}{(1+i)^m-1}$

或用求极限方法 $P=\lim_{n\to\infty}r\dfrac{(1+i)^n-1}{i(1+i)^n}$

$$=\lim_{n\to\infty}R\dfrac{i}{(1+i)^m-1}\times\dfrac{1}{i}\left[1-\dfrac{1}{(1+i)^n}\right]=\dfrac{R}{(1+i)^m-1}$$

4.23 解：

属于寿命无限的问题,用寿命无限的现值、年值的计算公式。

方法一：计算费用现值

$$PC_A=400+\dfrac{15}{10\%}+\dfrac{80(A/F,10\%,10)}{10\%}=600(万元)$$

$$PC_B=450+\dfrac{10}{10\%}+\dfrac{50(A/F,10\%,10)}{10\%}=581(万元)$$

$$PC_C=500+\dfrac{5}{10\%}+\dfrac{30(A/F,10\%,10)}{10\%}=569(万元)$$

C方案经济。

方法二:计算年费用

$$AC_A = 400 \times 10\% + 15 + 80(A/F, 10\%, 10) = 60(万元)$$
$$AC_B = 450 \times 10\% + 10 + 50(A/F, 10\%, 10) = 58(万元)$$
$$AC_C = 500 \times 10\% + 5 + 30(A/F, 10\%, 10) = 57(万元)$$

C方案经济。

4.24 解:

三种型号设备的生产能力相同,属于收益相同且未知的互斥方案比较问题,采用最小费用法进行计算分析。

(1) 不考虑产品的生命周期,即认为产品生产与销售可以任意长的时间,设备需要使用的年限也很长,所以可采用最小公倍数寿命期法,按最小公倍数寿命期30年计算三个方案的费用现值。当然,可用简便的方法,即按各方案的使用寿命直接计算各方案的年费用进行比较。

$$AC_A = 100(A/P, 10\%, 15) + 8 - 10(A/F, 10\%, 15) = 21(万元)$$
$$AC_B = 80(A/P, 10\%, 10) + 10 - 8(A/F, 10\%, 10) = 23(万元)$$
$$AC_C = 50(A/P, 10\%, 5) + 12 - 5(A/F, 10\%, 5) = 24(万元)$$

显然,A型号年费用最小,所以选择A型号。

(2) 产品的生命周期为10年,意味着只需要10年的设备使用年限,即考虑10年的研究期,采用研究期法。A型使用10年,尚有5年未使用期;B型正好使用到使用寿命期末;C型可采用重复更新,再延长一个寿命期,也正好达到10年研究期。对于A型,如完全承认设备的研究期期末未使用价值,其费用现值的计算是将设备购置费用及残值分配到15年,只考虑前10年耗费的费用,这就是承认了设备未使用价值。

$$PC_A = [100(A/P, 10\%, 15) - 10(A/F, 10\%, 15)](P/A, 10\%, 10)$$
$$\quad + 8(P/A, 10\%, 10) = 128$$
$$PC_B = 80 + 10(P/A, 10\%, 10) - 8(P/F, 10\%, 10) = 138$$
$$PC_C = [50 + 12(P/A, 10\%, 5) - 5(P/F, 10\%, 5)] \times [1 + (P/F, 10\%, 5)]$$
$$\quad = 150$$

由于A型号的费用现值最小,所以应选择A型号。

(3) 完全不承认研究期期末设备未使用价值,这里主要涉及A型,也就是说不考虑A型在研究期10年之后的尚余5年寿命的使用价值,所以其费用现金流量图如图4.15所示。

$$PC_A = 100 + 8(P/A, 10\%, 10) - 10(P/F, 10\%, 10) = 145$$

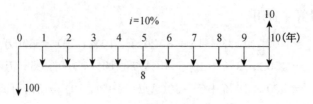

图 4.15

B 型号与 C 型号的费用现值同(2)计算,三者比较,可见 B 型号费用现值最小,所以应选择 B 型号。

(4) 考虑 10 年研究期期末设备合理的未使用价值,B 型号和 C 型号恰好在使用期期末,A 型号在 10 年研究期期末合理的未使用价值为 $100-100\times 8\%\times 10=20(万元)$,则其费用现金流量如图 4.16 所示。

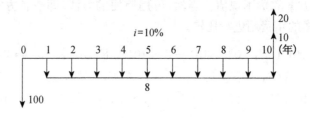

图 4.16

$$PC_A = 100 + 8(P/A, 10\%, 10) - 30(P/F, 10\%, 10) = 137$$

B 型号与 C 型号的费用现值同(2)计算,三者比较,可见 A 型号费用现值最小,所以应选择 A 型号。

4.25 解:

(1) 没有投资资金限制,C 和 D 地区都应选择最好的方案进行投资。由于方案寿命不等,可计算各方案的年值进行比较。

$$AW_{C_1} = -200(A/P, 10\%, 6) + 76 = 30$$
$$AW_{C_2} = -260(A/P, 10\%, 9) + 80 = 35$$
$$AW_{C_3} = -280(A/P, 10\%, 6) + 100 = 36$$
$$AW_{D_1} = -100(A/P, 10\%, 6) + 50 = 27$$
$$AW_{D_2} = 170(A/P, 10\%, 9) + 60 = 30$$

显然,选择 C_3 和 D_2 投资最有利。

(2) 若投资资金限额为 375 万元,则采用方案组合法,列出所有的投资组合:
$0, C_1, C_2, C_3, D_1, D_2, C_1+D_1, C_1+D_2, C_2+D_1, C_2+D_2, C_3+D_1, C_3+D_2$。

其中,C_2+D_2,C_3+D_1,C_3+D_2 组合投资超过限额,不予考虑。

剩余的方案中

$$AW_0 = 0$$
$$AW_{C_1+D_1} = 30+27 = 57$$
$$AW_{C_1+D_2} = 30+30 = 60$$
$$AW_{C_2+D_1} = 35+27 = 62$$

其他方案的年值见(1)中。可见,C_2+D_1 投资组合年值最大且大于 0,应选择 C_2 和 D_1 投资。

(3) 若选择寿命短的方案寿命期为研究期,完全不承认方案研究期期末的残值,则所有方案寿命均取 6 年,且可按数据计算。

$$AW_{C_1} = -200(A/P, 10\%, 6) + 76 = 30$$
$$AW_{C_2} = -260(A/P, 10\%, 6) + 80 = 20$$
$$AW_{C_3} = -280(A/P, 10\%, 6) + 100 = 36$$
$$AW_{D_1} = -100(A/P, 10\%, 6) + 50 = 27$$
$$AW_{D_2} = -170(A/P, 10\%, 6) + 60 = 21$$

在(1)的情况下,显然应选择 C_3 和 D_1 投资最有利。

在(2)的情况下,

$$AW_{C_1+D_1} = 30+27 = 57$$
$$AW_{C_1+D_2} = 30+21 = 51$$
$$AW_{C_2+D_1} = 20+27 = 47$$

显然,应选择 C_1 和 D_1 投资。

4.26 解:

挖土量是个变量,可采用优劣平衡分析方法。

设每年挖土量为 x 万立方米

$PC_A = 20 + 10x(P/A, 10\%, 10) = 20 + 61.45x$
$PC_B = 30 + 8.5x(P/A, 10\%, 10) = 30 + 52.23x$

绘制优劣平衡分析图(图 4.17)

$$x_{AB} = \frac{30-20}{61.45-52.23} = 1.085(万立方米)$$

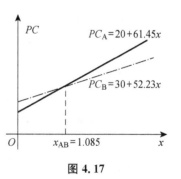

图 4.17

根据优劣平衡分析图可看出,当挖土量每年少于 1.085 万立方米时,选 A 型号有利。

4.27 解:

$$A \text{ 电动机每小时的运行费用为} \frac{9}{88\%} \times 0.7 = 7.16(元)$$

$$B \text{ 电动机每小时的运行费用为} \frac{9}{85\%} \times 0.7 = 7.41(元)$$

设每天的运行时间为 x 小时,则各电动机的费用现值为

$$PC_A = 250 \times 7.16x(P/A, 10\%, 5) + 10\ 000$$
$$= 10\ 000 + 6\ 786.48x$$
$$PC_B = 250 \times 7.41x(P/A, 10\%, 5) + 10\ 000$$
$$= 8\ 000 + 7\ 025.30x$$

用优劣平衡分析法(图 4.18),计算优劣分歧点 $x_{AB} = 8$(小时),

即如果用户每天运行时间在 8 小时以内,采用电动机 B;

如果用户每天运行时间超过 8 小时,采用电动机 A。

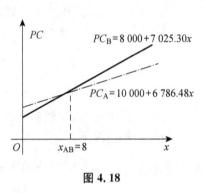

图 4.18

4.28 解:

(1) ① A 方案,购置打孔机,但切角业务仍需委托外加工,则

年运营费用为 $235 + (1.0 + 1.2) \times 1\ 200 + 3.5 \times 250 = 3\ 750(元)$

$$PC_A = 10\ 000 + 3\ 750 \times (P/A, 10\%, 15) - 1\ 500 \times (P/F, 10\%, 15)$$
$$= 38\ 164(元)$$

或 $AC_A = 10\ 000 \times (A/P, 10\%, 15) + 3\ 750 - 1\ 500 \times (A/F, 10\%, 15)$
$$= 5\ 019(元)$$

② B 方案

年运营费用为 $460 + (1.0 + 1.2) \times 1\ 200 + (0.9 + 1.1) \times 250 = 3\ 600(元)$,

$$PC_B = 18\ 000 + 3\ 600 \times (P/A, 10\%, 15) - 2\ 000 \times (P/F, 10\%, 15)$$
$$= 44\ 903(元)$$

或 $AC_B = 18\ 000 \times (A/P, 10\%, 15) + 3\ 600 - 2\ 000 \times (A/F, 10\%, 15)$
$$= 5\ 905(元)$$

由于 $PC_A < PC_B (AC_A < AC_B)$，所以选择 A 方案，即购置打孔机由档案部门承担打孔工作，切角业务外委。

(2) 存在第 3 个可供选择的方案，即公司档案部门还是将打孔和切角业务全部外委，设为 C 方案，则

年运营费用为 $3.8 \times 1\,200 + 3.5 \times 250 = 5\,435$(元)

$PC_C = 5\,435 \times (P/A, 10\%, 15) = 41\,339$(元)

或 $AC_C = 5\,435$(元)

由此可看出，第 3 个方案的优劣性实际上介于 A、B 之间。3 个方案相比较，还是 A 方案最经济。

5 投资项目财务分析

学习指导

在我国的工程经济学学科体系中,投资项目的经济效果评价是一个重要内容。投资项目财务分析过程是综合应用前几章的理论与方法解决具体的项目评价问题,以报表形式实现项目经济要素的估算、经济要素之间的数值计算关系以及评价指标计算。

本章的知识要点包括:
(1) 财务分析的内容与步骤;
(2) 财务分析的参数选取;
(3) 财务分析辅助报表的构成与编制;
(4) 财务分析基本报表的构成与编制;
(5) 基本报表和辅助报表的关系;
(6) 融资前分析与融资后分析的作用与异同;
(7) 新设项目法人财务分析与既有项目财务分析的特点与差异;
(8) 财务分析指标的计算。

其中,重点是辅助报表和基本报表的编制,难点是报表之间的数据关系,特别是融资方案不明确时采用最大还款能力还款方式下三表联算的处理。在本章学习中,应重点关注的是建设期利息的计算及其资本化、固定资产原值及折旧计算,各种不同还款付息方式下报表编制的异同,项目投资现金流量表与资本金现金流量表的异同及回收固定资产余值与回收流动资金的计算。

习 题

5.1 某新设法人项目生产 J 产品,年生产能力 2 万吨,产品售价(不含税)为 4 615.38元/t。建设期 1 年,生产期 10 年。投产第 1 年生产负荷为 60%,第 2 年为 80%,以后达到 100%。已知年总成本费用估算依据如下:

(1) 年外购原材料(以 100%生产负荷计)7 194.87 万元(不含税);
(2) 年外购燃料动力(以 100%生产负荷计)58.41 万元(不含税);
(3) 劳动定员 108 人,人均年工资及福利费 2 万元;

(4)修理费第2年为50万元,第3~11年为64万元;

(5)固定资产按年限平均法分类进行折旧计算。本项目新增生产设备及其他固定资产原值942万元,按10年折旧,残值率为5%;新增建筑物原值208万元,按20年折旧,残值率为5%。

(6)其他资产32万元,按5年摊销完毕;

(7)项目无借款;

(8)年其他营业费按当年营业收入的2%估算;年其他制造费取固定资产原值(扣除建设期利息)的5%;年其他管理费用按年职工工资及福利费总额的150%估算。

另外,产品销项税税率为17%,外购原材料进项税税率为17%,外购燃料动力进项税税率为13%,城市维护建设税税率为7%,教育费附加税率为5%。

根据以上数据,试编制以不含税价为计算基础的总成本费用估算表,营业收入、增值税及附加估算表。

5.2 海德集团拟投资的一个新项目,原始资料简化如下:

建设期为2年,运营期为8年,第3年为投产年。建设投资(不含建设期借款利息和增值税)10 000万元,其中:资本金2 000万元在(第1年投入),银行借款8 000万元(建设期分两年等额投入)。预计建设投资的90%形成固定资产,10%形成无形资产。固定资产折旧年限10年,按年限平均法,残值率为10%;无形资产按5年摊销。流动资金1 000万元(流动资金计算见表5.1),在投产年一次性投入,其中:资本金400万元,银行借款600万元。项目投入运营后,投产期含税的销售收入为5 500万元,经营成本为2 500万元(其中,含税的外购原料、燃料和动力费用为2 000万元);其余正常生产年份的含税年销售收入为7 500万元,经营成本为3 000万元(其中,含税的外购原料、燃料和动力费用为2 500万元)。建设投资贷款年利率为10%,按年计息,以项目的最大还款能力偿还贷款;流动资金贷款年利率为10%,按年计息。法定盈余公积金比例为10%,项目投产后增值税销项税率和进项税率均为17%,附加的城市维护建设税、教育费附加和地方教育附加等税的税率共为5%,所得税税率为25%;企业所设定的基准投资收益率为15%,基准投资回收期为5年。根据以上基础数据资料,对该项目进行财务分析。

表5.1 单位:万元

序号	计算项目	计算期									
		1	2	3	4	5	6	7	8	9	10
1	流动资产总额			1 400	1 400	1 400	1 400	1 400	1 400	1 400	1 400
1.1	应收账款			400	400	400	400	400	400	400	400

续表 5.1

序号	计算项目	计 算 期									
		1	2	3	4	5	6	7	8	9	10
1.2	存货			600	600	600	600	600	600	600	600
1.3	现金			400	400	400	400	400	400	400	400
2	流动负债总额			400	400	400	400	400	400	400	400
2.1	应付账款			400	400	400	400	400	400	400	400
3	流动资金((1)−(2))			1 000	1 000	1 000	1 000	1 000	1 000	1 000	1 000

5.3 在 5.2 题中,将建设投资贷款还款方式改为按"利息当年结清、本金等额偿还"方式,投产年开始还款、还款期 5 年;当年还本资金来源不足时,可增加一笔短期借款,利率 10%,以弥补当年生产经营资金的不足。试编制该项目财务分析的辅助报表及项目投资现金流量表、项目资本金现金流量表、利润及利润分配表、借款还本付息计划表等基本报表,并计算相关指标。

5.4 海明集团拟投资一个新项目,其原始资料简化如下:

(1) 计算期为 10 年,建设期为 1 年,第 2 年为投产期,投产当年即达到设计生产能力。

(2) 建设投资 4 000 万元(不含建设期利息),建设投资全部形成固定资产(年限平均法计提折旧,折旧年限 15 年,残值率 5%)。建设投资资金来源:资本金为 1 000 万元,其余为银行贷款;银行贷款的条件:年利率 10%,按年计息,建设期只计息不还款,第 2 年开始按利息当年结清、本金在投产后第 5 年年末(即项目计算期的第 6 年年末)一次还清方式归还建设贷款。

(3) 流动资金投资 500 万元,其中资本金为 300 万元,其余向银行贷款,年利率 10%,按年计息。

(4) 各年的以不含税价格计算的销售收入与经营成本、增值税及其附加等见表 5.2,所得税税率为 25%。

表 5.2 单位:万元

年 份	1	2	3	4	5	6	7	8	9	10
销售收入		2 700	2 700	2 700	2 700	2 700	2 700	2 700	2 700	2 700
经营成本		1 340	1 340	1 340	1 340	1 340	1 340	1 340	1 340	1 340
增值税		140	140	140	140	140	140	140	140	140
增值税附加		10	10	10	10	10	10	10	10	10

要求解答的问题(计算结果均取整数):

(1) 计算以下经济要素,并写出计算过程:
① 建设投资贷款各年的利息(相同年份予以说明,不必重复计算);
② 固定资产年折旧费;
③ 各年的总成本(相同年份予以说明,不必重复计算);
④ 各年的所得税及税后利润(相同年份予以说明,不必重复计算)。

(2) 编制该项目的"资本金财务现金流量表"。

5.5 某公司拟生产一种新的产品,以资本金资金购入新产品专利,价格为 20 万元。设备投资 100 万元(资本金资金 40 万元,银行借款 60 万元),年初安装即可投产使用。厂房利用单位一座闲置的一直无法出租或转让的厂房,目前的会计账面价值 500 万元。生产期和设备折旧期均为 5 年,设备采用直线折旧法,残值率 5%,5 年后设备市场净价值(扣除拆卸费)估计 10 万元。专利转让费在生产期 5 年内平均摊销。产品第一年的价格为 18 元/件,以后每年递增 2%;经营成本第一年为 10 元/件,以后每年递增 10%。设备贷款第一年年初即全部发放,贷款期 5 年,等额还本付息,利率 10%。流动资金全部采用资本金资金。流动资金(净营运资金)各年需要量(占用量)及产品产量见表 5.3。该公司适用所得税税率为 25%,确定的基准收益率为 15%。

表 5.3

时间点(年)	0	1	2	3	4	5
占用流动资金(万元)	10	10	17	25	21	0
产量(万件)		5	8	12	10	6

(1) 计算该项目各年的偿债备付率和利息备付率,进行项目清偿能力分析。

(2) 编制项目现金流量表,计算项目全部投资的税前净现值和资本金税后净现值,进行项目盈利能力分析。

5.6 某企业目前年销售收入为 3 200 万元,年经营成本为 2 400 万元,财务效益较好。现计划从国外引进一套设备进行改扩建,该设备的离岸价格为 163 万美元,海上运输及保险费为 17 万美元,运到中国口岸后需要缴纳的费用:(1)关税 42 万元;(2)国内运输费用 12.7 万元;(3)外贸手续费(以到岸价为计费基数,费率为 3.5%);(4)增值税 87 万元。通过扩大生产规模,该企业年销售收入可增加到 4 500 万元,年经营成本提高到 3 200 万元。设备投资假定发生在期初,当年即投产运营。市场研究表明,该产品还可以在市场上销售 5 年,5 年后停止生产。第 5 年末进口设备残值为 50 万元,并可以此价格在国内市场售出。如果决定现在实施此项目,原有生产线中的一部分设备可以 100 万元的资产净值在市场售出。设企业的财务基准收益率为10%,美元兑人民币官方汇率为1∶8.3。从财务分析角度评价此改扩建项目是否可行。

5.7 某拟建项目经济评价计算期为10年,其中建设期为2年。第3年为投产年,当年即达到设计生产能力。建设投资(不含建设期借款利息和购置固定资产进项增值税)20 000万元,其中资本金4 000万元,银行借款16 000万元,均在建设期分两年平均投入。预计建设投资的80%形成固定资产,20%形成无形资产。固定资产折旧年限10年,按年限平均法,残值率为5%;无形资产按5年摊销。流动资金2 000万元,在投产年一次性投入,其中资本金1 000万元,银行借款1 000万元。项目投入运营后,不含税的年销售收入分别为12 000万元,按生产要素不含税价格计算的经营成本5 000万元,进项增值税税额为500万元。建设投资贷款年利率为10%,按年计息,以项目的最大还款能力偿还贷款;流动资金贷款年利率为10%,按年计息;法定盈余公积金比例为10%,项目投产后产品增值税税率为13%,城市维护建设税、教育费附加及地方教育附加等增值税附加税税率合计为10%,所得税率为25%;企业所设定的基准投资收益率为15%,基准投资回收期为6年。请编制借款还本付息计划表、总成本费用估算表、利润及利润分配表、投资现金流量表和资本金现金流量表等财务评价报表,分析该项目的盈利能力。

5.8 在5.7题中,假设购置固定资产进项增值税共2 000万元,建设期第1年为500万元(用资本金支付),建设期第2年为1 000万元(用银行建设投资贷款支付),其他条件均不变。假如以第一种方式处置购置固定资产进项增值税,请编制借款还本付息计划表、总成本费用估算表、利润及利润分配表、投资现金流量表和资本金现金流量表等财务评价报表,分析该项目的盈利能力。

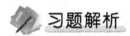

习题解析

5.1 解:

表5.4为总成本费用估算表(不含增值税),表5.5为营业收入、增值税及附加估算表。

表5.4   单位:万元

序号	项目	计算期						计算式
		1	2	3	4	5	6	7~11/年	
	生产负荷		60%	80%	100%	100%	100%	100%	
1	外购原材料费		4 317	5 756	7 195	7 195	7 195	7 195	7 194.87×生产负荷

续表5.4

序号	项目	计算期						计算式
		1	2	3	4	5	6	7~11/年
	生产负荷		60%	80%	100%	100%	100%	100%	
2	外购燃料及动力费		35	47	58	58	58	58	58.41×生产负荷
3	工资及福利费		216	216	216	216	216	216	108×2
4	修理费		50	64	64	64	64	64	
5	其他费用		493	530	567	567	567	567	(5.1+5.2+5.3)
5.1	其他管理费		324	324	324	324	324	324	(3)×150%
5.2	其他制造费		58	58	58	58	58	58	(942+208)×5%
5.3	其他营业费		111	148	185	185	185	185	4 615.38×2×生产负荷×2%
6	经营成本		5 111	6 613	8 100	8 100	8 100	8 100	(1+2+3+4+5)
7	折旧费		99	99	99	99	99	99	942×(1-5%)/10+208×(1-5%)/20
8	摊销费		6.4	6.4	6.4	6.4	6.4	6.4	32/5
9	利息支出								
10	总成本费用		5 216	6 718	8 205	8 205	8 205	8 199	(6+7+8+9)
	其中:可变成本		4 352	5 803	7 253	7 253	7 253	7 253	(1+2)
	固定成本		864	915	952	952	952	945	(3+4+5+7+8+9)

表5.5 单位:万元

序号	项目	计算期				计算式
		1	2	3	4~11/年	
	生产负荷		60%	80%	100%	
1	销售(营业)收入		5 538	7 385	9 231	(1.1)×(1.2)
1.1	单价(不含税)(元/t)		4 615.38	4 615.38	4 615.38	
1.2	数量(万吨)		1.2	1.6	2	2×生产负荷
2	外购原材料费用(不含税)		4 317	5 756	7 195	7 194.87×生产负荷
3	外购燃料动力费用(不含税)		35	47	58	58.41×生产负荷
4	增值税		204	270	338	(4.1)-(4.2)
4.1	销项税额		941	1 255	1 569	(1)×17%

续表5.1

序号	项 目	计算期 1	计算期 2	计算期 3	计算期 4~11/年	计算式
4.2	进项税额		738	985	1 231	(2)×17%+(3)×13%
5	增值税附加		24	32	41	(5.1)+(5.2)
5.1	城市维护建设税		14	19	24	(4)×7%
5.2	教育费附加		10	14	17	(4)×5%

5.2 解：

本题题干给出的营业收入、成本等数据是按含税价格计算的，而2016年之后，随着我国全面实施"营改增"的税制改革，财务评价报表倾向采用不含税价格的经济要素数据编制。两种情况下的评价结论是完全一致的，区别主要在于以下两点。一是在利润及利润分配表、投资现金流量表、资本金现金流量表中要列入"增值税"项目；二是在财务计划现金流量表中需要分别列出增值税的销项税额和进项税额。本题与5.4题和5.7题对照学习，会对此有更好的理解。

本题及后面的项目财务评价题解答均是采用电子表格计算，因计算结果取整数，可能在个位数上存在误差。

题目中已经给出了财务分析的基础数据的测算和评价参数，按财务分析的步骤，将需要进行辅助报表、基本报表的编制，并根据基本报表计算评价指标，做出财务分析的结论。

(1) 建设期利息估算表(表5.6)

表5.6   单位：万元

序号	项目	合计	建设期 1	建设期 2
1	建设期利息	820	200	620
1.1	期初借款余额	4 200		4 200
1.2	当期借款	8 000	4 000	4 000
1.3	当期应计利息	820	200	620
1.4	期末借款余额	13 020	4 200	8 820
2	其他融资费用			
3	合计(1+2)	820	200	620

$$第1年利息 = \left(0 + \frac{4\ 000}{2}\right) \times 10\% = 200(万元)$$

$$第2年利息 = \left[(4\ 000 + 200) + \frac{4\ 000}{2}\right] \times 10\% = 620(万元)$$

(2) 销售收入、增值税及附加估算表(表5.7)

表5.7　　　　　　　　　　　　　　　　　　　　　　　单位:万元

序号	项 目	计 算 期									
		1	2	3	4	5	6	7	8	9	10
1	销售收入(含税)			5 500	7 500	7 500	7 500	7 500	7 500	7 500	7 500
2	增值税			508	726	726	726	726	726	726	726
2.1	销项增值税			799	1 090	1 090	1 090	1 090	1 090	1 090	1 090
2.2	进项增值税			291	363	363	363	363	363	363	363
3	增值税附加			25	36	36	36	36	36	36	36
4	增值税及附加合计			534	763	763	763	763	763	763	763

因题目中给出的销售收入和外购原料、燃料动力费用均为含税价格计算的,所以计算增值税时,首先折算为不含税的价格作为计税基数。以第3年为例:

$$第3年销项税额 = \left(\frac{5\,500}{1+17\%}\right) \times 17\% = 799(万元)$$

$$第3年进项税额 = \frac{2\,000}{1+17\%} \times 17\% = 291(万元)$$

$$第3年增值税 = 销项税额 - 进项税额 = 799 - 291 = 508(万元)$$

$$第3年增值税附加 = (增值税 + 消费税) \times 适应税率$$
$$= (508 + 0) \times 5\% = 25(万元)$$

(3) 固定资产折旧费估算表(表5.8)

表5.8　　　　　　　　　　　　　　　　　　　　　　　单位:万元

序号	项 目	计 算 期									
		1	2	3	4	5	6	7	8	9	10
1	固定资产原值			9 820							
2	年初固定资产净值			9 820	8 936	8 052	7 168	6 284	5 400	4 516	3 632
3	当期折旧费			884	884	884	884	884	884	884	884
4	年末固定资产净值			8 936	8 052	7 168	6 284	5 400	4 516	3 632	2 748

项目建设投资(不含建设期利息)的90%形成固定资产,折旧年限10年,按直线折旧法,残值率为10%,计算得

$$固定资产原值 = 投资所形成的固定资产 + 建设期利息$$
$$= 10\,000 \times 90\% + 820 = 9\,820(万元)$$

$$\text{年折旧率} = \frac{1-\text{预计净残值率}}{\text{折旧年限}} \times 100\% = \frac{1-10\%}{10} \times 100\% = 9\%$$

年折旧额 = 固定资产原值 × 年折旧率 = 9 820 × 9% = 884(万元)

当期期初固定资产净值 = 上一期期末固定资产净值

当期期末固定资产净值 = 当期期初固定资产净值 - 当期折旧费

(4) 无形资产摊销费估算表(表5.9)

表5.9　　　　　　　　　　　　　　　　　　　　　　　　单位:万元

序号	项目	计算期									
		1	2	3	4	5	6	7	8	9	10
1	无形资产原值			1 000							
2	年初无形资产净值			1 000	800	600	400	200			
3	当期摊销费			200	200	200	200	200			
4	年末无形资产净值			800	600	400	200	0			

项目建设投资的10%形成无形资产,按5年摊销。

年摊销费 = 无形资产原值/摊销年限 = 10 000 × 10%/5 = 200(万元)

当期期初无形资产净值 = 上一期期末固定资产净值

当期期末无形资产净值 = 当期期初无形资产净值 - 当期摊销费

(5) 借款还本付息计划表(表5.10)、总成本费用估算表(表5.11)、利润及利润分配表(表5.12)

本项目评价时,尚未确定融资方案(即未明确还本期及每年还本额),采用最大还款能力还款方式,因此这三张表需要联算,同时编制。

采用最大还款能力就是在编制"借款还本付息计划表"时,每年按项目运营所能获得的最大还款资金归还借款。"借款还本付息计划表"可直接计算出第3年的应计利息882万元后,由于无法直接确定第3年的还本额,也无法计算出第4年的利息,所以无法直接编制完成该表。要计算第3年的还本额,就先要确定第3年可用于还本的未分配利润,所以这就要去编制"利润及利润分配表"。但是,要计算第3年的利润就先要算出第3年的总成本费用。因此,三表联算的过程如下:在"借款还本付息计划表"中先算出第3年的建设投资借款利息882万元及流动资金借款利息60万元,这就确定了"总成本费用估算表"的第3年利息支出942万元,这样就可计算出第3年总成本费用4 526万元;再将4 526万元引用到"利润及利润分配表"中,则可计算出第3年的可用于还款的未分配利润330万元(下文详细说明计算过程);将330数据引用到"借款还本付息计划表"中,就可计算出第3年的还本额

1 414万元。至此,可将三表的第 3 年数据完整地计算出来。然后进行第 4 年的"三表联算",即:先计算出第 4 年年初借款本息余额 8 820－1 414＝7 406(万元),再计算出第 4 年的应计利息 741 万元……如此循环,直至建设借款还清为止(本例至第 6 年止)三表联算结束。三表中其他各年无需再联算,可一次性编制完成。

编制"借款还本付息计划表"时,流动资金借款通常采用长期负债筹资方式,在财务分析中处理方式一般是考虑在项目运营初期借入流动资金并长期占用,中间各年只付息不还本,在计算期最后一年末一次偿还本金。还本资金来源于项目运营所获得的未分配的净收益,包括未分配利润、折旧和摊销,利息支付则可通过营业收入收回的利息成本(含在总成本费用中,并在计算利润时已扣除)支付。

表 5.10 借款还本付息计划表　　　　　　　　　　单位:万元

序号	项目		计算期									
			1	2	3	4	5	6	7	8	9	10
1	借款1(建设借款)		4 000	4 000								
1.1	期初借款余额			4 200	8 820	7 406	4 933	2 274				
1.2	当期还本付息				2 296	3 214	3 152	2 501				
	其中:	还本			1 414	2 473	2 659	2 274				
		付息			882	741	493	227				
1.3	期末借款余额		4 200	8 820	7 406	4 933	2 274					
2	借款2(流动资金)				600							
2.1	期初借款余额					600	600	600	600	600	600	600
2.2	当期还本付息					60	60	60	60	60	60	660
	其中:	还本										600
		付息				60	60	60	60	60	60	60
2.3	期末借款余额				600	600	600	600	600	600	600	
3	借款合计		4 000	4 000	600							
3.1	期初余额			4 200	9 420	8 006	5 533	2 874	600	600	600	600
3.2	当期还本付息				2 356	3 274	3 212	2 561	60	60	60	660
	其中:	还本			1 414	2 473	2 659	2 274				600
		付息			942	801	553	287	60	60	60	60
3.3	期末余额		4 200	8 820	8 006	5 533	2 874	600	600	600	600	

续表 5.10

序号	项目	计算期									
		1	2	3	4	5	6	7	8	9	10
4	还本资金来源			1 414	2 473	2 659	2 858	2 834	2 769	2 769	2 769
4.1	用于还款的未分配利润			330	1 390	1 575	1 775	1 945	2 095	2 095	2 095
4.2	折旧			884	884	884	884	884	884	884	884
4.3	摊销			200	200	200	200	200			

计算指标:借款偿还期=6-1+2 274/2 858=5.8(年)

"借款还本付息计划表"中一般计算财务分析指标有借款偿还期、利息备付率和偿债备付率,前者适用于没有确定融资方案情况(采用最大还款能力还款方式)下的财务分析,后两者适用于有确定融资方案情况(明确了还本期和每年的还本额)下的财务分析。

表 5.11　总成本费用估算表(按含税价格计算)　　　单位:万元

序号	项目		计算期								
			1	2	3	4	5	6	7	8	9	10
1	外购原材料费				…	…	…	…	…	…	…	…
2	外购燃料及动力费				…	…	…	…	…	…	…	…
3	工资及福利费				…	…	…	…	…	…	…	…
4	修理费											
5	其他费用				…	…	…	…	…	…	…	…
6	经营成本(1+2+3+4+5)				2 500	3 000	3 000	3 000	3 000	3 000	3 000	3 000
7	折旧费				884	884	884	884	884	884	884	884
8	摊销费				200	200	200	200	200			
9	利息支出				942	801	553	287	60	60	60	60
	其中:	建设借款利息			882	741	493	227				
		流动资金借款利息			60	60	60	60	60	60	60	60
10	总成本费用合计(6+7+8+9)				4 526	4 884	4 637	4 371	4 144	3 944	3 944	3 944

在"利润及利润分配表"中,各年未分配利润是个累计量,并没有扣除前期已经用于还款的未分配利润,所以在"借款还本付息计划表"中"用于还款的未分配利润"应该是从各年未分配利润数据中扣除以前年度累计已用于还款的未分配利润。在采用最大还款能力还款方式时,假定项目运营阶段的还款期不进行利润分配、也

不提取法定盈余公积,即所有的税后利润都可以用来归还借款,所以计算可用于还款的未分配利润时,也可直接采用税后利润数据。"利润及利润分配表"增加的最后一行"调整所得税",将用于编制"项目投资现金流量表"。调整所得税的计算是以不计入利息支出的总成本费用而计算出的应纳税所得额为计算基数。

表 5.12 利润及利润分配表　　　　　　　单位:万元

序号	项目	计算期									
		1	2	3	4	5	6	7	8	9	10
1	销售收入(含税)				5 500	7 500	7 500	7 500	7 500	7 500	7 500
2	增值税附加				25	36	36	36	36	36	36
3	增值税				509	726	726	726	726	726	726
4	总成本费用(含税)				4 526	4 884	4 637	4 371	4 144	3 944	3 944	3 944
5	利润总额(1−2−3−4)				440	1 853	2 100	2 366	2 593	2 793	2 793	2 793
6	弥补以前年度亏损											
7	应纳税所得额(5−6)				440	1 853	2 100	2 366	2 593	2 793	2 793	2 793
8	所得税				110	463	525	592	648	698	698	698
9	税后利润(5−8)				330	1 390	1 575	1 775	1 945	2 095	2 095	2 095
10	期初未分配利润				0	330	1 720	3 295	5 069	6 820	8 705	10 591
11	可供分配的利润(9+10)				330	1 720	3 295	5 069	7 014	8 915	10 800	12 686
12	提取法定盈余公积金								195	210	210	210
13	可供投资者分配的利润(11−12)				330	1 720	3 295	5 069	6 820	8 705	10 591	12 476
14	应付优先股股利											
15	提取任意盈余公积金											
16	应付普通股利(13−14−15)				330	1 720	3 295	5 069	6 820	8 705	10 591	12 476
17	各投资方利润分配											
18	未分配利润(13−14−15−17)				330	1 720	3 295	5 069	6 820	8 705	10 591	12 476
19	调整所得税				346	663	663	663	663	713	713	713

(6) 项目投资现金流量表(表 5.13)和项目资本金现金流量表(表 5.14)

在"项目投资现金流量表"和"项目资本金现金流量表"中,现金流入、现金流出的诸项数据均来自前述的辅助报表和基本报表。要注意的是,这两张基本报表中,如果营业收入和经营成本中外购原料、燃料和动力费用数据是按含税(增值税)价计算的,那么现金流出中要列入"增值税"项;如果两者是按不含税价计算的,那么现金流出中不列入"增值税"项。根据"项目投资现金流量表"计算的指标主要是所得税前和所得税后的投资财务内部收益率、投资财务净现值及投资回收期等指标,根据"项目资本金现金流量表"计算的指标主要是资本金财务内部收益率。

在"项目投资现金流量表"和"项目资本金现金流量表"中,"回收固定资产余值"是指"固定资产折旧估算表"中计算期期末的固定资产净值,在采用平均年限法计提折旧时也可通过下式计算:

计算期期末回收固定余值 = 固定资产原值 − 年折旧费 × 计算期中生产期的年份数

"回收流动资金"是将项目运营初期投入的全部流动资金在计算期末一次性回收。

表 5.13 项目投资现金流量表　　　　　　　　　　　单位:万元

序号	项目	计算期									
		1	2	3	4	5	6	7	8	9	10
1	现金流入			5 500	7 500	7 500	7 500	7 500	7 500	7 500	11 250
1.1	销售收入(含税)			5 500	7 500	7 500	7 500	7 500	7 500	7 500	7 500
1.2	回收固定资产余值										2 750
1.3	回收流动资金										1 000
2	现金流出	6 000	4 000	4 034	3 763	3 763	3 763	3 763	3 763	3 763	3 763
2.1	建设投资	6 000	4 000								
2.2	流动资金			1 000							
2.3	经营成本(含税)			2 500	3 000	3 000	3 000	3 000	3 000	3 000	3 000
2.4	增值税附加			25	36	36	36	36	36	36	36
2.5	增值税			509	726	726	726	726	726	726	726
3	税前净现金流量	−6 000	−4 000	1 466	3 737	3 737	3 737	3 737	3 737	3 737	7 487
4	税前累计净现金流量	−6 000	−10 000	−8 534	−4 797	−1 060	2 678	6 415	10 152	13 889	21 376
5	调整所得税			346	663	663	663	663	713	713	713
6	税后净现金流量	−6 000	−4 000	1 120	3 074	3 074	3 074	3 074	3 024	3 024	6 773
7	累计税后净现金流量	−6 000	−10 000	−8 880	−5 806	−2 732	342	3 416	6 440	9 463	16 237

计算指标　　　　　　　所得税后　　　　　　所得税前
项目投资财务内部收益率:　20%　　　　　　　24%
项目投资财务净现值:　　　1 787万元　　　　　3 872万元
投资回收期:　　　　　　　5.89年　　　　　　5.28年

"项目投资现金流量表"作为融资前评价用表,人们对于其是否考虑所得税尚存在着争议,第一种观点认为因为是融资前评价,无法计算出利息支出,总成本费用不含利息支出,项目投资现金流量表不计入所得税项的现金流出,计算所得税前指标;第二种观点认为尽管没有确定融资方案,可按通常的利率按最大还款能力方式计算利息,在项目投资现金流量表中计入所得税项的现金流出;第三种观点是国家发展改革委员会发布的《建设项目经济评价方法与参数》(第三版)的观点,即在项目投资现金流量表中以"调整所得税"作为所得税项。这里采用第三种方法。

表5.14 项目资本金现金流量表　　　　　　单位:万元

序号	项　目	计　算　期									
		1	2	3	4	5	6	7	8	9	10
1	现金流入	0	0	5 500	7 500	7 500	7 500	7 500	7 500	7 500	11 250
1.1	销售收入(含税)			5 500	7 500	7 500	7 500	7 500	7 500	7 500	7 500
1.2	回收固定资产余值										2 750
1.3	回收流动资金										1 000
2	现金流出	2 000	0	5 900	7 500	7 500	6 915	4 471	4 521	4 521	5 121
2.1	项目资本金	2 000	0	400							
2.2	借款本金偿还			1 414	2 473	2 659	2 274				600
2.3	借款利息偿还			942	801	553	287	60	60	60	60
2.4	经营成本(含税)			2 500	3 000	3 000	3 000	3 000	3 000	3 000	3 000
2.5	增值税附加			25	36	36	36	36	36	36	36
2.6	增值税			509	726	726	726	726	726	726	726
2.7	所得税			110	463	525	592	648	698	698	698
3	净现金流量	−2 000	0	−400	0	0	585	3 029	2 979	2 979	6 128

计算指标:资本金内部收益率30%

注:在"项目资本金现金流量表"中,"借款本金偿还"和"借款利息偿还"包括建设投资借款和流动资金借款的本金和利息偿还。

(7)财务计划现金流量表(表5.15)

"财务计划现金流量表"的诸项数据来自前述的辅助报表和基本报表,它通过项目计算期各年的投资、融资及经营活动的现金流入和流出,反映项目财务生存能力和财务可持续性,可计算出盈余资金和累计盈余资金,为编制资产负债表提供依据。

在"财务计划现金流量表"中,注意经营活动现金流量中的"营业收入"项和"经营成本"项,如果这两项是含增值税价格计算的,则下面的"销项税额"和"进项税额"则空白。"累计盈亏资金"为至本期为止的前期各年净现金流量累计。

表 5.15 财务计划现金流量表　　　　　　单位:万元

序号	项目	计算期									
		1	2	3	4	5	6	7	8	9	10
1	经营活动净现金流量			2 356	3 274	3 212	3 146	3 089	3 039	3 039	3 039
1.1	现金流入			5 500	7 500	7 500	7 500	7 500	7 500	7 500	7 500
1.1.1	营业收入(已含销项税)			5 500	7 500	7 500	7 500	7 500	7 500	7 500	7 500
1.1.2	增值税销项税额										
1.1.3	补贴收入										
1.1.4	其他流入										
1.2	现金流出			3 144	4 226	4 288	4 354	4 411	4 461	4 461	4 461
1.2.1	经营成本(已含进项税)			2 500	3 000	3 000	3 000	3 000	3 000	3 000	3 000
1.2.2	增值税进项税额										
1.2.3	增值税附加			25	36	36	36	36	36	36	36
1.2.4	增值税			509	726	726	726	726	726	726	726
1.2.5	所得税			110	463	525	592	648	698	698	698
1.2.6	其他流出										
2	投资活动净现金流量(2.1-2.2)	-6 000	-4 000	-1 000							
2.1	现金流入										
2.2	现金流出	6 000	4 000	1 000							
2.2.1	建设投资	6 000	4 000								
2.2.2	维持运营										
2.2.3	流动资金			1 000							
2.2.4	其他流出										
3	筹资活动净现金流量(3.1-3.2)	6 000	4 000	-1 356	-3 274	-3 212	-2 561	-60	-60	-60	-660
3.1	现金流入	6 000	4 000	1 000							
3.1.1	项目资本金投入	2 000		400							
3.1.2	建设投资借款	4 000	4 000								
3.1.3	流动资金借款			600							
3.1.4	债券										
3.1.5	短期借款										

续表 5.15

序号	项目	计算期									
		1	2	3	4	5	6	7	8	9	10
3.1.6	其他流入										
3.2	现金流出			2 356	3 274	3 212	2 561	60	60	60	660
3.2.1	各种利息支出			942	801	553	287	60	60	60	60
3.2.2	偿还债务本金			1 414	2 473	2 659	2 274				600
3.2.3	应付利润（股利分配）										
3.2.4	其他流出										
4	净现金流量(1+2+3)						585	3 029	2 979	2 979	2 379
5	累计盈余资金						585	3 613	6 592	9 571	11 950

(8) 资产负债表(表 5.16)

"资产负债表"的诸项数据来自辅助报表和基本报表，它通过项目计算期内各年年末资产、负债和所有者权益的增减变化及对应关系，计算资产负债率、流动比率及速动比率等指标，考察项目资产、负债及所有者权益的状况。"资产负债表"遵循"资产=负债+所有者权益"这一会计恒等式，所以该表具有检验财务分析的数据计算过程与结果是否正确的功能。当资产负债表编制完成后，如发现计算期中任一年或几年的"资产≠负债+所有者权益"，则说明之前的某个或某些辅助报表或基本报表编制存在错误，可以进行回溯查找并解决。

在编制"资产负债表"时，"在建工程"项是指该项目在建设期各年正在进行建造或设备安装的工程项目，在所建项目达到预可使用状态后再转入固定资产、无形资产和其他资产，其数据值即为各年之前的累计建设投资费用(含建设期利息)。"建设投资借款"项和"流动资金借款"项指各年年末借款本息余额，即到该年年末止，该项借款尚未归还的本息。"流动资金借款"项在计算期末为 0 值，这是因为流动资金借款本金在计算期末一次性归还。

表 5.16 资产负债表　　　　　　　　　单位:万元

序号	项目		计算期									
			1	2	3	4	5	6	7	8	9	10
1	资产		6 200	10 820	11 136	10 052	8 969	8 469	10 414	12 509	14 604	16 099
1.1	流动资产总额				1 400	1 400	1 400	1 985	5 013	7 992	10 971	13 350
1.1.1	货币资金				400	400	400	985	4 013	6 992	9 971	12 350
	其中：	现金			400	400	400	400	400	400	400	400
		累计盈余资金						585	3 613	6 592	9 571	11 950

续表 5.16

序号	项目	计算期									
		1	2	3	4	5	6	7	8	9	10
1.1.2	应收账款			400	400	400	400	400	400	400	400
1.1.3	预付账款										
1.1.4	存货			600	600	600	600	600	600	600	600
1.2	在建工程	6 200	10 820								
1.3	固定资产净值			8 936	8 052	7 169	6 285	5 401	4 517	3 633	2 750
1.4	无形及递延资产净值			800	600	400	200	0	0	0	0
2	负债及所有者权益	6 200	10 820	11 136	10 052	8 969	8 469	10 414	12 509	14 604	16 099
2.1	流动负债总额			400	400	400	400	400	400	400	400
2.1.1	应付账款			400	400	400	400	400	400	400	400
2.1.2	短期借款										
2.1.3	预收账款										
2.1.4	其他										
2.2	建设投资借款	4 200	8 820	7 406	4 933	2 274					
2.3	流动资金借款			600	600	600	600	600	600	600	0
2.4	负债小计 (2.1+2.2+2.3)	4 200	8 820	8 406	5 933	3 274	1 000	1 000	1 000	1 000	400
2.5	所有者权益	2 000	2 000	2 730	4 120	5 695	7 469	9 414	11 509	13 604	15 699
2.5.1	资本金	2 000	2 000	2 400	2 400	2 400	2 400	2 400	2 400	2 400	2 400
2.5.2	资本公积										
2.5.3	累计盈余公积金							195	404	614	823
2.5.4	未分配利润(累计量)			330	1 720	3 295	5 069	6 820	8 705	10 591	12 476
计算指标	资产负债率/%	68%	82%	75%	59%	37%	12%	10%	8%	7%	2%
	流动比率			3.5	3.5	3.5	5.0	12.5	20.0	27.4	33.4
	速动比率			2.0	2.0	2.0	3.5	11.0	18.5	25.9	31.9

(9) 财务评价

所得税前的投资财务净现值为 3 872 万元,所得税后的投资财务净现值为 1 787 万元,均大于 0;所得税前的投资财务内部收益率为 24%,所得税后的投资财务内部收益率为 20%,均大于基准收益率 15%;项目资本金内部收益率 30%;所得税前的投资回收期为 5.28 年,所得税后的投资回收期为 5.89 年,略大于基准投资回收期 5 年。因此,项目的盈利能力较强,但项目的前期阶段投资回收能力较弱。

项目资产负债率,在建设期和投资期处于较高水平,而在正常生产年份,则处于 40%~60% 的适宜水平;流动比率大于 2,说明项目在短期债务到期之前偿还流动负债的能力较强;速动比率大于1,说明项目即时偿付流动负债的能力较强。

5.3 解:

"建设期利息估算表"至"无形资产摊销费估算表"与5.2题相同,其他报表编制有所差别。

(1) 借款还本付息计划表(表5.17)、总成本费用估算表(表5.18)、利润及利润分配表(表5.19)

采用"利息当年结清、本金等额偿还"还款方式,不像在5.2题中那样进行各年三表联算,可以一次性计算编制建设借款的各利息及本金偿还。但三表之间尚有一些计算上的关系,主要是当某年的还本资金来源数额不足以偿还当期应归还的本金数额时,就需要一笔短期借款。这笔短期借款产生的利息将会影响到总成本费用及利润。

在表5.17中,第3年年末的还本额是1 764万元,而当年可用于还款的资金来源金额是1 414万元,第3年年末需要借入1 764－1 414＝350(万元)短期借款,在第4年则会增加短期借款的利息,并据此调整第4年的总成本费用和利润总额。如果第4年可用于还款的资金来源也不足以偿还建设投资借款的还本额及短期借款还本额之和,仍需要在第4年年末借入短期借款。

表5.17 借款还本付息计划表　　　　　　　单位:万元

序号	项目		计算期								
			1	2	3	4	5	6	7	8	9	10
1	建设投资借款											
1.1	年初本息余额			4 200	8 820	7 056	5 292	3 528	1 764			
1.2	本年借款		4 000	4 000								
1.3	本年应计利息		200	620	882	706	529	353	176			
1.4	本年还本付息				2 646	2 470	2 293	2 117	1 940			
	其中:	还本			1 764	1 764	1 764	1 764	1 764			
		付息			882	706	529	353	176			
1.5	年末本息余额		4 200	8 820	7 056	5 292	3 528	1 764				
2	短期借款											
2.1	本年借款(年末借款)				350							
2.2	期初借款余额				0	350						
2.3	本年应计利息				0	35						
2.4	本年还本付息				0	385						
	其中:	还本			0	350						
		付息			0	35						

续表 5.17

序号	项目		计算期								
			1	2	3	4	5	6	7	8	9	10
3	流动资金借款											
3.1	本年借款				600							
3.2	年初借款余额					600	600	600	600	600	600	600
3.3	本年应计利息				60	60	60	60	60	60	60	60
3.4	本年还本付息				60	60	60	60	60	60	60	660
	其中:	还本			0	0	0	0	0	0	0	600
		付息			60	60	60	60	60	60	60	60
4	借款合计											
4.1	本年还本付息				2 706	2 915	2 353	2 177	2 000	60	60	660
	其中:	还本			1 764	2 114	1 764	1 764	1 764	0	0	600
		付息			942	801	589	413	236	60	60	60
5	还本资金来源				1 414	2 473	2 632	2 764	2 897	2 979	3 981	2 979
5.1	可用于还款的未分配利润				330	1 390	1 548	1 680	1 813	2 095	2 095	2 095
5.2	折旧				884	884	884	884	884	884	1 886	884
5.3	摊销				200	200	200	200	200			
5.4	其他还款资金来源											
计算指标	利息备付率(%)				147%	331%	450%	643%	1 122%	4 756%	4 756%	4 756%
	偿债备付率(%)				87%	112%	137%	146%	157%	5 065%	6 735%	460%

表 5.18 总成本费用估算表(按含税价格计算) 单位:万元

序号	项目		计算期								
			1	2	3	4	5	6	7	8	9	10
1	经营成本(含税)				2 500	3 000	3 000	3 000	3 000	3 000	3 000	3 000
	其中:原燃料和动力费用				2 000	2 500	2 500	2 500	2 500	2 500	2 500	2 500
2	折旧费				884	884	884	884	884	884	884	884
3	摊销费				200	200	200	200	200	0		
4	财务费用				942	801	589	413	236	60	60	60
	其中:	建设借款利息			882	706	529	353	176	0	0	0
		流动资金借款利息			60	60	60	60	60	60	60	60
		短期借款利息			0	35	0	0	0	0	0	0
5	合计:总成本费用				4 526	4 884	4 673	4 497	4 320	3 944	3 944	3 944

表5.19 利润及利润分配表　　　　　　　　　　　　　　单位:万元

序号	项目	计算期									
		1	2	3	4	5	6	7	8	9	10
1	销售收入(含税)			5 500	7 500	7 500	7 500	7 500	7 500	7 500	7 500
2	增值税附加			25	36	36	36	36	36	36	36
3	增值税			509	726	726	726	726	726	726	726
4	总成本费用(含税)			4 526	4 884	4 673	4 497	4 320	3 944	3 944	3 944
5	利润总额			440	1 853	2 064	2 241	2 417	2 793	2 793	2 793
6	弥补以前年度亏损										
7	应纳税所得额			440	1 853	2 064	2 241	2 417	2 793	2 793	2 793
8	所得税			110	463	516	560	604	698	698	698
9	税后利润			330	1 390	1 548	1 680	1 813	2 095	2 095	2 095
10	期初未分配利润			0	330	1 390	1 393	1 512	1 631	1 886	1 886
11	可供分配的利润			330	1 720	2 938	3 074	3 325	3 726	3 981	3 981
12	提取法定盈余公积金					155	168	181	210	210	210
13	可供投资者分配的利润			330	1 720	2 783	2 906	3 144	3 517	3 771	3 771
14	应付优先股股利										
15	提取任意盈余公积金										
16	应付普通股利			330	1 720	2 783	2 906	3 144	3 517	3 771	3 771
17	各投资方利润分配										
18	未分配利润			330	1 390	1 393	1 512	1 631	1 886	1 886	1 886
19	息税前利润			1 382	2 653	2 653	2 653	2 653	2 853	2 853	2 853
20	息税折旧摊销前利润			2 466	3 737	3 737	3 737	3 737	3 737	4 739	3 737
	计算指标	总投资收益率:22% 资本金净利润率:68%									

(2)项目投资现金流量表(表5.20)和项目资本金现金流量表(表5.21)

表5.20 项目投资现金流量表　　　　　　　　　　　　　单位:万元

序号	项目	计算期									
		1	2	3	4	5	6	7	8	9	10
1	现金流入	0	0	5 500	7 500	7 500	7 500	7 500	7 500	7 500	11 250
1.1	销售收入(含税)			5 500	7 500	7 500	7 500	7 500	7 500	7 500	7 500
1.2	回收固定资产余值										2 750
1.3	回收流动资金										1 000
2	现金流出	6 000	4 000	4 144	4 226	4 279	4 323	4 367	4 461	4 461	4 461

续表 5.20

序号	项目	计算期									
		1	2	3	4	5	6	7	8	9	10
2.1	建设投资(不含建设期利息)	6 000	4 000								
2.2	流动资金			1 000							
2.3	经营成本(含税)			2 500	3 000	3 000	3 000	3 000	3 000	3 000	3 000
2.4	增值税附加			25	36	36	36	36	36	36	36
2.5	增值税			509	726	726	726	726	726	726	726
2.6	所得税			110	463	516	560	604	698	698	698
3	净现金流量(1－2)	－6 000	－4 000	1 356	3 274	3 221	3 177	3 133	3 039	3 039	6 788
4	累计净现金流量	－6 000	－10 000	－8 644	－5 370	－2 149	1 028	4 161	7 200	10 239	17 027
计算指标	项目财务内部收益率： 21% 项目财务净现值($i_c=15\%$)： 2 210 万元 投资回收期： 5.68 年										

表 5.21 项目资本金现金流量表　　　　　　单位：万元

序号	项目	计算期									
		1	2	3	4	5	6	7	8	9	10
1	现金流入	0	0	5 500	7 500	7 500	7 500	7 500	7 500	7 500	11 250
1.1	销售收入(含税)			5 500	7 500	7 500	7 500	7 500	7 500	7 500	7 500
1.2	回收固定资产余值										2 750
1.3	回收流动资金										1 000
2	现金流出	2 000	0	6 250	7 141	6 632	6 500	6 367	4 521	4 521	5 121
2.1	项目资本金	2 000	0	400							
2.2	借款本金偿还			1 764	2 114	1 764	1 764	1 764	0	0	600
2.3	借款利息偿还			942	801	589	413	236	60	60	60
2.4	经营成本(含税)			2 500	3 000	3 000	3 000	3 000	3 000	3 000	3 000
2.5	销售税金及附加			25	36	36	36	36	36	36	36
2.6	增值税			509	726	726	726	726	726	726	726
2.7	所得税			110	463	516	560	604	698	698	698
3	净现金流量	－2 000	0	－750	359	868	1 000	1 133	2 979	2 979	6 128
计算指标	资本金内部收益率 30%										

5.4 **解**：

(1) 计算以下经济要素

① 利息

建设投资贷款各年的利息：

第1年利息为

$$\frac{3\,000}{2} \times 10\% = 150(万元)$$

第2～6年利息为

$$(3\,000 + 150) \times 10\% = 315(万元)$$

第7～10年利息为0。

流动资金借款各年利息：

第2～10年利息为

$$200 \times 10\% = 20(万元)$$

或列表计算（表5.22）。

表5.22　　　　　　　　　　　　　　　　　　　　　　单位：万元

借款用途	计算期	1	2	3	4	5	6	7	8	9	10
建设投资借款	年初借款余额		3 150	3 150	3 150	3 150	3 150				
	本年借款额	3 000									
	本年应计利息	150	315	315	315	315	315				
	本年本金偿还						3 150				
	本年利息支付		315	315	315	315	315				
流动资金借款	借款		200								
	本年支付利息		20	20	20	20	20	20	20	20	20
	本金偿还										200

② 固定资产年折旧费

$$\frac{(4\,000 + 150) \times (1 - 5\%)}{15} = 263(万元)$$

计算期10年末的固定资产余值为 $(4\,000 + 150) - 263 \times 9 = 1\,783(万元)$

③ 各年的总成本（相同年份予以说明，不必重复计算）

第2～6年总成本为

$$1\,340 + 263 + 315 + 20 = 1\,938(万元)$$

第7～10年总成本为

$$1\ 340 + 263 + 20 = 1\ 623(万元)$$

或列表计算(表5.23)。

表5.23　　　　　　　　　　　　　　　　　　　　　　　　　单位：万元

年　份	1	2	3	4	5	6	7	8	9	10
总成本费用		1 938	1 938	1 938	1 938	1 938	1 623	1 623	1 623	1 623
包括：经营成本		1 340	1 340	1 340	1 340	1 340	1 340	1 340	1 340	1 340
折旧		263	263	263	263	263	263	263	263	263
利息		335	335	335	335	335	20	20	20	20

④ 各年的所得税及税后利润

第2～6年

　　　利润总额为 $2\ 700 - 1\ 938 - 10 = 752(万元)$

　　　所得税为 $752 \times 25\% = 188(万元)$

　　　税后利润为 $752 - 188 = 564(万元)$

第7～10年

　　　利润总额为 $2\ 700 - 1\ 623 - 10 = 1\ 067(万元)$

　　　所得税为 $1\ 067 \times 25\% = 267(万元)$

　　　税后利润为 $1\ 067 - 267 = 800(万元)$

(2) 编制该项目的"资本金财务现金流量表"(表5.24)

表5.24　　　　　　　　　　　　　　　　　　　　　　　　　单位：万元

计算期	1	2	3	4	5	6	7	8	9	10
1　现金流入	0	2 700	2 700	2 700	2 700	2 700	2 700	2 700	2 700	4 985
1.1　销售收入	0	2 700	2 700	2 700	2 700	2 700	2 700	2 700	2 700	2 700
1.2　回收固定资产余值										1 785
1.3　回收流动资金										500
2　现金流出	1 000	2 173	1 873	1 873	1 873	5 023	1 637	1 637	1 637	1 837
2.1　项目资本金	1 000	300								
2.2　借款本金偿还		0	0	0	0	3 150	0	0	0	200

续表 5.24

计算期	1	2	3	4	5	6	7	8	9	10
2.3 借款利息支付		335	335	335	335	335	20	20	20	20
2.4 经营成本		1 340	1 340	1 340	1 340	1 340	1 340	1 340	1 340	1 340
2.5 增值税附加		10	10	10	10	10	10	10	10	10
2.6 所得税		188	188	188	188	188	267	267	267	267
3 净现金流量	−1 000	527	827	827	827	−2 323	1 063	1 063	1 063	3 148
4 累计净现金流量	−1 000	−473	354	1 181	2 008	−315	748	1 811	2 874	6 022

5.5 解：

(1) 计算年折旧、摊销

设备投资 100 万元形成固定资产，由于年初就可安装投产，可不考虑建设期及其利息。厂房利用闲置资产，是沉没成本，不应计入。

$$年折旧费 = \frac{100 \times (1-5\%)}{5} = 19(万元)$$

专利费 20 万元形成无形资产：

$$年摊销费 = \frac{20}{5} = 4(万元)$$

(2) 计算年利息及还本金额

5 年等额本息还款，每年还本付息额为 $60 \times \frac{10\% \times (1+10\%)^5}{(1+10\%)^5 - 1} = 16(万元)$

由于在 1 年初一次借入，所以第 1 年利息为 $60 \times 10\% = 6(万元)$，第 1 年还本 $16 - 6 = 10(万元)$，以此类推可计算出每年的还本和付息额(表 5.25)。

表 5.25 单位：万元

序号	项目	计算期					
		0	1	2	3	4	5
1	设备投资借款	60					
1.1	年初本息余额		60	50	39	27	14
1.2	本年借款						

续表 5.25

序号	项目		计算期					
			0	1	2	3	4	5
1.3	本年应计利息			6	5	4	3	1
1.4	本年还本付息			16	16	16	16	16
	其中：	还本		10	11	12	13	14
		付息		6	5	4	3	1
1.5	年末本息余额			50	39	27	14	0

(3) 计算各年流动资产投入

流动资金占用就是指当年需要的营运资金，流动资金投入后一直占用着，所以后期流动资金占用量增大时，需要增加流动资金投入；后期流动资金占用量减少时，则流动资金收回(表 5.26 中的负值)。

表 5.26　　　　　　　　　　　　　　　　　单位：万元

计算期	0	1	2	3	4	5
流动资金占用	10	10	17	25	21	0
流动资金投入	10	0	7	8	−4	−21

(4) 计算各年的营业收入、总成本、利润、所得税及计算利息备付率和偿债备付率

产品和经营成本逐年增长，可按相应增长率计算出各年价格，再按产量计算出年销售收入和经营成本。题目中未给出增值税、税金及附加等相关数据，可不考虑。计算结果见表 5.27。

表 5.27　　　　　　　　　　　　　　　　　单位：万元

序号	项目	计算期					
		0	1	2	3	4	5
1	产量		5	8	12	10	6
2	产品价格		18.00	18.36	18.73	19.10	19.48
3	年销售收入		90	147	225	191	117
4	单位经营成本		10.00	11.00	12.10	13.31	14.64
5	年经营成本		50	88	145	133	88
6	折旧		19	19	19	19	19

续表 5.27

序号	项目	计算期					
		0	1	2	3	4	5
7	摊销		4	4	4	4	4
8	利息		6	5	4	3	1
9	总成本费用(5+6+7+8)		79	116	172	159	112
10	利润总额(3-9)		11	31	53	32	5
11	所得税(10×25%)		3	8	13	8	1
12	税后利润(10-11)		8	23	39	24	3
13	还本		10	11	12	13	14
14	息税前利润(10+8)		17	36	57	35	6
15	息税折旧摊销前利润(14+6+7)		40	59	80	58	29
16	利息备付率(14/8)		2.83	7.15	14.36	12.71	4.21
17	偿债备付率(15-11)/(8+13)		2.35	3.23	4.19	3.15	1.76

各年利息备付率和偿债备付率均大于1,且利息备付率不低于2、偿债备付率不低于1.3,说明该投资项目有足够的资金还本付息,偿债风险很小。

(5) 编制项目投资现金流量表(表5.28)和资本金现金流量表(表5.29),计算相关指标并进行盈利能力分析

表 5.28　　　　　　　　　　　　　　　　　　　　单位:万元

序号	项目	计算期					
		0	1	2	3	4	5
1	设备投资	-100					10
2	购买专利	-20					
3	流动资金投入	-10	0	-7	-8	4	21
4	经营成本		-50	-88	-145	-133	-88
5	营业收入		90	147	225	191	117
6	税前净现金流量(1+2+3+4+5)	-130	40	52	72	62	60

计算指标:项目投资税前财务净现值($i_c=15\%$) 56万元

表 5.29   单位:万元

序号	项目	计算期					
		0	1	2	3	4	5
1	营业收入		90	147	225	191	117
2	设备资本金投资	−40					
3	专利资本金投资	−20					
4	流动资金资本金投资	−10	0	−7	−8	4	21
5	设备期末回收价值						10
6	借款本金偿还		−10	−11	−12	−13	−14
7	借款利息偿还		−6	−5	−4	−3	−1
8	经营成本		−50	−88	−145	−133	−88
9	所得税		−3	−8	−13	−8	−1
10	税后净现金流量	−70	21	28	43	38	43

计算指标:资本金税后财务净现值($i_c = 15\%$)41万元

项目投资的税前财务净现值及资本金税后财务净现值均大于 0,说明项目全部投资及资本金均具有较好的盈利能力。

5.6 解:

(1) 计算进口设备的投资

进口设备抵岸价 = 离岸价 + 海上运输费及运输保险费 + 银行与外贸手续费
      + 关税 + 增值税等
    $= (163 \times 8.3 + 17 \times 8.3) \times (1 + 3.5\%) + 42 + 87$
    $= 1\ 675(万元)$

进口设备购置费 = 进口设备抵岸价 + 国内运输费
    $= 1\ 675 + 12.7 = 1\ 688(万元)$

(2) 确定更新设备进行改扩建的增量现金流量

有项目时,设备投资可按不计入购置固定资产进项增值税方式处理,所以设备投资为

$$1\ 688 - 87 = 1\ 601(万元)$$

旧设备的 100 万元市场处理价应作为无项目时的投资,这个问题在设备更新分析理论中有说明。

方法 1:编制增量现金流量表(表 5.30)

表 5.30　　　　　　　　　　　　　　　　　　　　　　　　　　单位:万元

序号	项　目	计　算　期					
		0	1	2	3	4	5
1	有项目净现金流量(1.1－1.2)	－1 601	1 300	1 300	1 300	1 300	1 350
1.1	1.有项目现金流入		4 500	4 500	4 500	4 500	4 500
1.1.1	销售收入		4 500	4 500	4 500	4 500	4 500
1.1.2	进口设备期末残值						50
1.2	有项目现金流出	1 601	3 200	3 200	3 200	3 200	3 200
1.2.1	设备投资	1 601					
1.2.2	经营成本		3 200	3 200	3 200	3 200	3 200
2	无项目净现金流量(2.1－2.2)	－100	800	800	800	800	800
2.1	无项目现金流入		3 200	3 200	3 200	3 200	3 200
2.1.1	销售收入		3 200	3 200	3 200	3 200	3 200
2.2	无项目现金流出						
2.2.1	旧设备市场净值	100	2 400	2 400	2 400	2 400	2 400
2.2.2	经营成本		2 400	2 400	2 400	2 400	2 400
3	增量净现金流量(1－2)	－1 501	500	500	500	500	550

方法 2:直接画现金流量图(图 5.1)

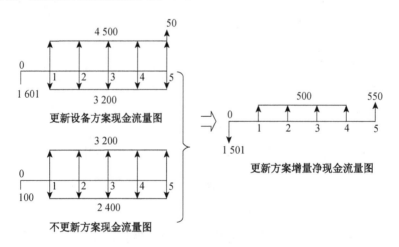

图 5.1

(3) 计算财务净现值并分析

该改扩建项目的财务净现值为

$FNPV = -1\ 501 + 500(P/A, 10\%, 4) + 550(P/F, 10\%, 5) = 426(万元)$

因 $FNPV>0$，从财务角度分析，该项目是可行的。

5.7 解：

本题题干给出的基础资料并没有购置固定资产进项增值税的数据，所以购置固定资产进项增值税处置可采用第二种方式，即不计投入额，项目投入运营后也不抵扣销项税。

编制方法参见题 5.3，本题只给出利用电子表格编制和计算结果。读者如采用手工计算编制，可能由于计算过程中小数进位上差异，一些数据个位数计算结果与所给解答略有出入。

（1）编制辅助报表（图 5.2）

序号	项目	1	2	合计	4	5	6	7	8	9	10
	建设期利息估算表/万元										
1	期初借款余额		8400								
2	当期借款	8000	8000								
3	当期应计利息	400	1240	1640							
4	期末借款余额	8400	17640								
	增值税及附加估算表/万元										
序号	项目	1	2	3	4	5	6	7	8	9	10
1	增值税			1060	1060	1060	1060	1060	1060	1060	1060
1.1	销项增值税			1560	1560	1560	1560	1560	1560	1560	1560
1.2	进项增值税			500	500	500	500	500	500	500	500
2	增值税附加			106	106	106	106	106	106	106	106
3	合计			1166	1166	1166	1166	1166	1166	1166	1166
	固定资产折旧估算表/万元										
序号	项目	1	2	3	4	5	6	7	8	9	10
1	固定资产原值			17640							
2	当期折旧费			1588	1588	1588	1588	1588	1588	1588	1588
3	年末固定资产净值			16052	14465	12877	11290	9702	8114	6527	4939
	无形资产摊销估算表/万元										
序号	项目	1	2	3	4	5	6	7	8	9	10
1	无形资产原值			4000							
2	当期摊销费			800	800	800	800	800			
3	年末无形资产净值			3200	2400	1600	800	0			

图 5.2

（2）三表联算

借款还本付息表（含建设投资借款和流动资金借款）见图 5.3。总成本费用估算表见图 5.4，利润及利润分配表见图 5.5。三表联算的方法和过程参见 5.3 题。

（3）编制项目投资现金流量表

因采用所得税还是采用调整所得税的不同，投资现金流量表编制中所得税后的评价指标计算结果上有些差异，但一般情况下不会影响评价结论。无论是按所得税，还是按调整所得税编制，都是可接受的做法。甚至也有人建议编制投资现金流量表时可不计入所得税(即税前评价)。图 5.6 是按调整所得税编制的投资现金流量表,图 5.7 是按所得税编制的投资现金流量表。

序号	项目	计算期									
		1	2	3	4	5	6	7	8	9	10

建设投资借款偿还计划表　　　　　　　　　　　　　单位:万元

序号	项目	1	2	3	4	5	6	7	8	9	10
1	借款										
1.1	年初本息余额			8400	17640	13271	8573	3524			
1.2	本年借款	8000	8000								
1.3	本年应计利息	400	1240	1764	1327	857	352				
1.4	本年还本付息			6133	6024	5907	3877				
	其中:还本			4369	4697	5049	3524				
	付息			1764	1327	857	352				
1.5	年末本息余额	8400	17640	13271	8573	3524	0				
2	还本资金来源			4369	4697	5049	5428	5362	5102	5102	5102
2.1	未分配利润			1982	2310	2662	3040	2974	3514	3514	3514
2.2	折旧			1588	1588	1588	1588	1588	1588	1588	1588
2.3	摊销			800	800	800	800	800			
计算指标	借款偿还期/年	5.65									

流动资金借款还本付息表　　　　　　　　　　　　　单位:万元

序号	项目	1	2	3	4	5	6	7	8	9	10
1	本年借款			1000							
2	年初本息余额				1000	1000	1000	1000	1000	1000	1000
3	本年应计利息				100	100	100	100	100	100	100
4	本年还本付息				100	100	100	100	100	100	1100
	其中:还本										1000
	付息				100	100	100	100	100	100	100
5	流动资金借款余额			1000	1000	1000	1000	1000	1000	1000	0

图 5.3

总成本费用估计表　　　　　　　　　　　　　　　　单位:万元

序号	项目	1	2	3	4	5	6	7	8	9	10
1	经营成本			5000	5000	5000	5000	5000	5000	5000	5000
2	折旧费			1588	1588	1588	1588	1588	1588	1588	1588
3	摊销费			800	800	800	800	800			
4	财务费用			1864	1427	957	452	100	100	100	100
	其中:建设借款利息			1764	1327	857	352				
	流动资金借款利息			100	100	100	100	100	100	100	100
5	合计:总成本费用			9252	8815	8345	7840	7488	6688	6688	6688

图 5.4

利润及利润分配表　　　　　　　　　　　　　　　　单位：万元

序号	项目	计算期									
		1	2	3	4	5	6	7	8	9	10
1	销售（营业）收入			12000	12000	12000	12000	12000	12000	12000	12000
2	税金及附加			106	106	106	106	106	106	106	106
3	总成本费用			9252	8815	8345	7840	7488	6688	6688	6688
	其中：利息			1864	1427	957	452	100	100	100	100
4	利润总额			2642	3079	3549	4054	4406	5206	5206	5206
	息税前利润			4506	4506	4506	4506	4506	5306	5306	5306
5	弥补以前年度亏损										
6	应纳税所得额			2642	3079	3549	4054	4406	5206	5206	5206
7	所得税			661	770	887	1013	1102	1302	1302	1302
	调整所得税			1127	1127	1127	1127	1127	1327	1327	1327
8	税后利润			1982	2310	2662	3040	3305	3905	3905	3905
9	提取法定盈余公积金							330	390	390	390
10	提取任意盈余公积金										
11	应付利润（股利分配）										
12	未分配利润			1982	2310	2662	3040	2974	3514	3514	3514
13	累计未分配利润			1982	4291	6953	9994	12968	16482	19997	23511

图 5.5

项目投资现金流量表（按调整所得税编制）　　　　　　　　　　单位：万元

序号	项目	计算期									
		1	2	3	4	5	6	7	8	9	10
1	现金流入			12000	12000	12000	12000	12000	12000	12000	18939
1.1	销售（营业）收入			12000	12000	12000	12000	12000	12000	12000	12000
1.2	回收固定资产余值										4939
1.3	回收流动资金										2000
2	现金流出	10000	10000	8233	6233	6233	6233	6233	6433	6433	6433
2.1	建设投资	10000	10000								
2.2	流动资金			2000							
2.3	经营成本			5000	5000	5000	5000	5000	5000	5000	5000
2.4	税金及附加			106	106	106	106	106	106	106	106
2.5	调整所得税			1127	1127	1127	1127	1127	1327	1327	1327
3	税后净现金流量（1-2）	-10000	-10000	3767	5767	5767	5767	5767	5567	5567	12507
4	累计税后净现金流量	-10000	-20000	-16233	-10465	-4698	1070	6837	12404	17972	30478
5	税前净现金流量(3+2.5)	-10000	-10000	4894	6894	6894	6894	6894	6894	6894	13833
6	累计税前现金流量	-10000	-20000	-15106	-8212	-1318	5576	12470	19364	26258	40091
计算指标	财务内部收益率：	税后 20%		税前 25%							
	财务净现值/万元	税后 3541		税前 7535							
	投资回收期/年	税后 5.81		税前 5.19							

图 5.6

序号	项目	计算期									
	项目投资现金流量表（按所得税编制）									单位：万元	
		1	2	3	4	5	6	7	8	9	10
1	现金流入			12000	12000	12000	12000	12000	12000	12000	18939
1.1	销售（营业）收入			12000	12000	12000	12000	12000	12000	12000	12000
1.2	回收固定资产余值										4939
1.3	回收流动资金										2000
2	现金流出	10000	10000	7767	5876	5993	6119	6208	6408	6408	6408
2.1	建设投资	10000	10000								
2.2	流动资金			2000							
2.3	经营成本			5000	5000	5000	5000	5000	5000	5000	5000
2.4	税金及附加			106	106	106	106	106	106	106	106
2.5	所得税			661	770	887	1013	1102	1302	1302	1302
3	税后净现金流量（1-2）	-10000	-10000	4233	6124	6007	5881	5792	5592	5592	12532
4	累计税后净现金流量	-10000	-20000	-15767	-9642	-3636	2245	8037	13630	19222	31754
5	税前净现金流量(3+2.5)	-10000	-10000	4894	6894	6894	6894	6894	6894	6894	13833
6	累计税前净现金流量	-10000	-20000	-15106	-8212	-1318	5576	12470	19364	26258	40091
计算指标	财务内部收益率：	税后 21%		税前 25%							
	财务净现值/万元：	税后 4250		税前 7535							
	投资回收期/年：	税后 5.62		税前 5.19							

图 5.7

（4）编制项目资本金现金流量表

资本金现金流量表见图 5.8。

序号	项目	计算期									
	项目资本金现金流量表									单位：万元	
		1	2	3	4	5	6	7	8	9	10
1	现金流入	0	0	12000	12000	12000	12000	12000	12000	12000	18939
1.1	销售（营业）收入			12000	12000	12000	12000	12000	12000	12000	12000
1.2	回收固定资产余值										4939
1.3	回收流动资金										2000
2	现金流出	2000	2000	13000	12000	12000	10096	6308	6508	6508	7508
2.1	项目资本金	2000	2000	1000							
2.2	借款本金偿还			4369	4697	5049	3524	0	0	0	1000
2.3	借款利息偿还			1864	1427	957	452	100	100	100	100
2.4	经营成本			5000	5000	5000	5000	5000	5000	5000	5000
2.5	税金及附加			106	106	106	106	106	106	106	106
2.6	所得税			661	770	887	1013	1102	1302	1302	1302
3	净现金流量	-2000	-2000	-1000	0	0	1904	5692	5492	5492	11432
计算指标	资本金内部收益率 31%										

图 5.8

根据企业所设定的基准投资收益率15%、基准投资回收期6年来看,该项目税前税后的投资内部收益率均高于15%、净现值均大于0、投资回收期均小于6年,资本金内部收益率也高于15%,所以项目有较好的盈利能力。

5.8 解:

本题是以第一种方式处置购置固定资产进项增值税的抵扣,按这种方式编制的该项目财务评价报表见图5.9~5.14。与5.7题以第二种处置方式计算进行对比学习,注意以下几个方面:(1)图5.9中增值税及附加估算表是如何进行固定资产购置进项税抵扣的——在项目投入运营后,当年销项税扣除进项税后的余额可用来抵扣建设期购置固定资产进项税,连续抵扣,直至该项税抵扣完为止。(2)不同于5.7题的第二种处置方式,第一种处置方式需要在利润及利润分配表、投资现金流量表和资本金现金流量表中增加因抵扣购置固定资产进项税产生的收入项目。(3)图5.13投资现金流量中,建设期各年发生的固定资产购置进项税应计入当年建设投资中。(4)从图5.9的固定资产折旧估算表可看出,固定资产购置进项税不计入固定资产原值。

	A	B	C	D	E	F	G	H	I	J	K	L
1		建设期利息估算表/万元										
2	序号	项目	1	2	合计							
3	1	期初借款余额		8400								
4	2	当期借款	8000	9000								
5	3	当期应计利息	400	1290	1690							
6	4	期末借款余额	8400	18690								
7		增值税及附加估算表/万元										
8	序号	项目	1	2	3	4	5	6	7	8	9	10
9	1	增值税			0	620	1060	1060	1060	1060	1060	1060
10	1.1	销项增值税			1560	1560	1560	1560	1560	1560	1560	1560
11	1.2	进项增值税			500	500	500	500	500	500	500	500
12	1.3	可抵扣资产购置进项税			1060	440						
13	2	增值税附加			0	62	106	106	106	106	106	106
14	3	合计			0	682	1166	1166	1166	1166	1166	1166
15		固定资产折旧估算表/万元										
16	序号	项目	1	2	3	4	5	6	7	8	9	10
17	1	固定资产原值			17690							
18	2	当期折旧费			1592	1592	1592	1592	1592	1592	1592	1592
19	3	年末固定资产净值			16098	14506	12914	11322	9730	8137	6545	4953
20		无形资产摊销估算表/万元										
21	序号	项目	1	2	3	4	5	6	7	8	9	10
22	1	无形资产原值			4000							
23	2	当期摊销费			800	800	800	800	800			
24	3	年末无形资产净值			3200	2400	1600	800	0			

图5.9

	A	B	C	D	E	F	G	H	I	J	K	L
1	\multicolumn{12}{c}{建设投资借款偿还计划表　　　　　　　　　　　单位：万元}										
2	序号	项目	\multicolumn{10}{c}{计算期}									
3			1	2	3	4	5	6	7	8	9	10
4	1	借款										
5	1.1	年初本息余额		8400	18690	13524	8481	3424				
6	1.2	本年借款	8000	9000								
7	1.3	本年应计利息	400	1290	1869	1352	848	342				
8	1.4	本年还本付息			7035	6395	5906	3766				
9		其中：还本			5166	5042	5057	3424				
10		付息			1869	1352	848	342				
11	1.5	年末本息余额	8400	18690	13524	8481	3424	0				
12	2	还本资金来源			5166	5042	5057	5437	5363	5103	5103	5103
13	2.1	未分配利润			2774	2650	2665	3045	2971	3511	3511	3511
14	2.2	折旧			1592	1592	1592	1592	1592	1592	1592	1592
15	2.3	摊销			800	800	800	800	800			
16	计算指标	借款偿还期/年	5.63									
17	\multicolumn{12}{c}{流动资金借款还本付息表　　　　　　　　　　　单位：万元}										
18	序号	项目	\multicolumn{10}{c}{计算期}									
19			1	2	3	4	5	6	7	8	9	10
20	1	本年借款			1000							
21	2	年初本息余额			1000	1000	1000	1000	1000	1000	1000	1000
22	3	本年应计利息			100	100	100	100	100	100	100	100
23	4	本年还本付息			100	100	100	100	100	100	100	1100
24		其中：还本										1000
25		付息			100	100	100	100	100	100	100	100
26	5	流动资金借款余额			1000	1000	1000	1000	1000	1000	1000	0

图 5.10

	A	B	C	D	E	F	G	H	I	J	K	L
1	\multicolumn{12}{c}{总成本费用估计表　　　　　　　　　　　　单位：万元}										
2	序号	项目	\multicolumn{10}{c}{计算期}									
3			1	2	3	4	5	6	7	8	9	10
4	1	经营成本			5000	5000	5000	5000	5000	5000	5000	5000
5	2	折旧费			1592	1592	1592	1592	1592	1592	1592	1592
6	3	摊销费			800	800	800	800	800			
7	4	财务费用			1969	1452	948	442	100	100	100	100
8		其中：建设借款利息			1869	1352	848	342				
9		流动资金借款利息			100	100	100	100	100	100	100	100
10	5	合计：总成本费用			9361	8844	8340	7835	7492	6692	6692	6692

图 5.11

A	B	C	D	E	F	G	H	I	J	K	L
1	利润及利润分配表										单位：万元
2	序	项目			计算期						
3	号		1	2	3	4	5	6	7	8	9	10
4	1	销售（营业）收入			12000	12000	12000	12000	12000	12000	12000	12000
5	2	抵扣固定资产购置进项税收入			1060	440						
6	3	税金及附加			0	62	106	106	106	106	106	106
7	4	总成本费用			9361	8844	8340	7835	7492	6692	6692	6692
8		其中：利息			1969	1452	948	442	100	100	100	100
9	5	利润总额(1+2-3-4)			3699	3534	3554	4059	4402	5202	5202	5202
10		息税前利润			5668	4986	4502	4502	4502	5302	5302	5302
11	6	弥补以前年度亏损										
12	7	应纳税所得额			3699	3534	3554	4059	4402	5202	5202	5202
13	8	所得税			925	883	888	1015	1100	1300	1300	1300
14		调整所得税			1417	1246	1125	1125	1125	1325	1325	1325
15	9	税后利润			2774	2650	2665	3045	3301	3901	3901	3901
16	10	提取法定盈余公积金							330	390	390	390
17	11	提取任意盈余公积金										
18	12	应付利润（股利分配）										
19	13	未分配利润			2774	2650	2665	3045	2971	3511	3511	3511
20	14	累计未分配利润			2774	5424	8090	11134	14106	17617	21128	24639

图 5.12

A	B	C	D	E	F	G	H	I	J	K	L
1	项目投资现金流量表（按调整所得税编制）										单位：万元
2											
3	序号	项目			计算期						
4			1	2	3	4	5	6	7	8	9	10
5	1	现金流入			13060	12440	12000	12000	12000	12000	12000	18953
6	1.1	销售（营业）收入			12000	12000	12000	12000	12000	12000	12000	12000
7	1.2	抵扣固定资产购置进项税			1060	440						
8	1.3	回收固定资产余值										4953
9	1.4	回收流动资金										2000
10	2	现金流出	10500	11000	8417	6308	6231	6231	6231	6431	6431	6431
11	2.1	建设投资	10500	11000								
12	2.2	流动资金			2000							
13	2.3	经营成本			5000	5000	5000	5000	5000	5000	5000	5000
14	2.4	税金及附加			0	62	106	106	106	106	106	106
15	2.5	调整所得税			1417	1246	1125	1125	1125	1325	1325	1325
16	3	税后净现金流量(1-2)	-10500	-11000	4643	6132	5769	5769	5769	5569	5569	12522
17	4	累计税后净现金流量	-10500	-21500	-16857	-10725	-4957	812	6580	12149	17717	30239
18	5	税前净现金流量(3+2.5)	-10500	-11000	6060	7378	6894	6894	6894	6894	6894	13847
19	6	累计税前净现金流量	-10500	-21500	-15440	-8062	-1168	5726	12620	19514	26408	40255
20	计算指标	财务内部收益率：	税后 19%		税前 25%							
21		财务净现值/万元：	税后 3140		税前 7391							
22		投资回收期/年：	税后 5.86		税前 5.17							

图 5.13

	A	B	C	D	E	F	G	H	I	J	K	L
1			项目资本金现金流量表									单位：万元
2	序号	项目	计算期									
3			1	2	3	4	5	6	7	8	9	10
4	1	现金流入			13060	12440	12000	12000	12000	12000	12000	18953
5	1.1	销售（营业）收入			12000	12000	12000	12000	12000	12000	12000	12000
6	1.2	抵扣固定资产购置进项税			1060	440						
7	1.3	回收固定资产余值										4953
8	1.4	回收流动资金										2000
9	2	现金流出	2500	2000	14060	12440	12000	9987	6306	6506	6506	7506
10	2.1	项目资本金	2500	2000	1000							
11	2.2	借款本金偿还			5166	5042	5057	3424	0	0	0	1000
12	2.3	借款利息偿还			1969	1452	948	442	100	100	100	100
13	2.4	经营成本			5000	5000	5000	5000	5000	5000	5000	5000
14	2.5	税金及附加			0	62	106	106	106	106	106	106
15	2.6	所得税			925	883	888	1015	1100	1300	1300	1300
16	3	净现金流量	-2500	-2000	-1000	0	0	2013	5694	5494	5494	11447
17	计算指标	资本金内部收益率	29%									

图 5.14

根据企业所设定的基准投资收益率 15%、基准投资回收期 6 年来看，以第一种方式处置购置固定资产进项增值税，该项目税前税后的投资内部收益率均高于 15%、净现值均大于 0、投资回收期均小于 6 年，资本金内部收益率也高于 15%，所以项目有较好的盈利能力。对比 5.7 题也可看出，两种处置方式的评价指标计算结果相对误差并不大。所以，一般来说，除非题目明确要求用第一种方式进行评价计算，否则可按第二种方式处理。

6 投资项目费用效益分析

 学习指导

投资项目费用效益(效果)分析作为项目经济评价的重要组成部分,是从社会整体角度,或者说从政府层面上,对项目的经济价值所进行的评估,也称为国民经济评价。它是从资源合理配置的角度,用影子价格、影子汇率和社会折现率等费用效益分析参数,分析计算项目投资的宏观经济效率和对社会福利所做出的贡献,以评价项目的经济合理性。

本章的知识要点包括:

(1) 费用效益分析的基本方法及其收益项、费用项构成范围;
(2) 费用效益分析与财务分析的异同;
(3) 国民经济效益与费用流量的构成及与财务分析流量构成的差异;
(4) 经济费用效益分析的经济参数及与财务分析参数的差异;
(5) 影子价格的概念及其确定方法;
(6) 根据财务数据如何对国民经济费用及效益要素进行调整;
(7) 国民经济效益费用流量表的编制及评价指标;
(8) 费用效益分析及其适用范围;
(9) 费用效益分析方法。

其中,重点是费用效益分析的基本原理、费用与效益项的构成、国民经济效益费用流量表的编制,难点是如何根据财务评价数据对国民经济费用及效益要素进行调整。在本章学习中,重点关注在给定的项目背景下确定项目的费用要素和效益要素及在财务分析现金流量中哪些属于费用效益分析要考虑的费用或效益流量,哪些是在费用效益分析中需要剔除或调整的要素。

习 题

6.1 某市市政府拟投资兴建一新的非营利性公共设施,该工程的现金流量如图 6.1 所示。经济分析人员经分析认为,因其 $NPV(5\%) = -657$ 万元 < 0,故得出了该项目不可行的结论,建议取消该计划。你认为他的分析是否正确?为什么?

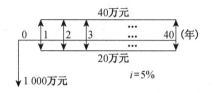

图 6.1

6.2 某市投资 26 亿元建成了五层互通、高 32 米、双向六车道、全长 15 公里的双门桥立交,这是华东地区最大的现代化城市立交桥。该桥西接赛虹桥立交,东至大明路,南接龙蟠路和卡子门高架,北至龙蟠南路和秦虹路路口,有效解决了该市城市快速交通的"瓶颈",缓解了城区的交通压力。试定性分析这一政府投资项目的费用和效益构成。

6.3 按照欧盟委员会规定,从 2011 年起,欧盟所有新生产轿车必须配置"日间驾驶自动照明系统",即汽车发动时会自动打开该系统,目的不是为了照亮街道,而是使汽车容易被看到,从而降低交通事故发生机率(该系统还能增加汽车的美观程度)。英国政府决定响应欧盟规定,4 年内为所有新生产的汽车安装此系统,以有助于车辆行驶更安全。有专家指出,日间自动照明系统增加的燃料(如汽油)消耗相对汽车行驶安全来说,是合算的。但是,有些消费者则对此提出质疑:日间驾驶自动照明系统真的合算吗?这一问题可用费用效益分析方法进行分析。如果你是这个问题的经济分析师,你至少需要解决以下三个关键问题(问题(1)~(3)),试对它们做出回答。

(1) 日间驾驶自动照明系统的费用与效益要素构成有哪些?

(2) 需要搜集哪些数据资料,才能估算出这些费用与效益的要素(提示:例如,照明系统的价格与安装费用、每公里燃料消耗量等)?

(3) 如何进行计算、分析和评价(用公式或文字说明均可)?

6.4 某产品共有三种原料,A、B 两种原料为非外贸货物,其国内市场价格总额每年分别为 200 万元和 50 万元,国内运费为价格的 10%,影子价格与国内市场价格的换算系数分别为 1.2 和 1.5。C 原料为进口货物,其到岸价格总额每年为 100 万美元,进口费用为 15 万元。设影子汇率换算系数为 1.08,外汇牌价为 6.335 0 元/美元,求该产品经济效益评价的年原料成本总额。

6.5 某项目年产某产品 15 万吨。项目投产后,可以减少该产品进口 5 万 t,其到岸价格为 800 美元/t,进口费用 100 元/t;可以增加国内市场供给 6 万 t,使国内市场价格由每吨 6 000 元降为 5 000 元;可以替代落后企业使其减产 4 万 t,被替代企业的财务成本为 5 600 元/t,按可变成本调整后的影子价格为4 000元/t；每吨产品的运杂费50元。外汇牌价为6.335 0元/美元，影子汇率换算系数为1.08，不考虑进口费用，求该项目经济费用效益评价的年营业收入。

6.6 在5.6题中，设该企业生产的产品为市场竞争类产品，国民经济评价产出物的影子价格与市场销售价格一致。在经营成本的计算中，包含国家环保部门规定的每年收取200万元的排污费。该企业污染严重，经济及环境保护专家通过分析认为，该企业排放的污染物对国民经济的实际损害应为销售收入的10%才合理。经营成本其余部分及国内运输费用和贸易费用的国民经济评价的计算结果与财务评价相同。设备的国民经济评价影子价格与市场出售价格相同。社会折现率为10%，影子汇率换算系数为1.08。从国民经济评价（费用效益评价）角度分析此项目是否可行。

6.7 某机场建设项目，其有关资料如下：
1) 项目财务评价基础数据
(1) 投资估算汇总表（表6.1）

表6.1　　　　　　　　　　　　　　　　　　　单位：万元

序号	费用名称	财务投资
1	建设投资	41 580
1.1	建筑工程	30 877
1.2	设备	4 335
1.3	安装工程	363
1.4	工程建设其他费用	3 335
	其中：土地费用	870
1.5	基本预备费（10%）	2 035
1.6	建设期涨价预备费	
1.7	建设期利息	636
2	合计	41 580

(2) 流动资金：暂不考虑。
(3) 分年度使用计划：项目建设期3年，各年资金使用计划为建设期第1年20%，第2年50%，第3年30%。

(4) 计算期与生产负荷

建设期 3 年,投产期 7 年,正常运行期为 15 年,计算期为 25 年。

(5) 年运行费用

财务评价年运行费用包括职工工资及福利费、外购燃动力费、修理费和其他费,年运行费用估算表见表 6.2。

表 6.2 　　　　　　　　　　　　　　　　　　单位:万元

费用名称	投产期							正常运行期
	4	5	6	7	8	9	10	11~25
职工工资及福利费	77	79	82	84	87	90	93	96
其他费用	190	210	233	259	289	322	361	405
合计	267	289	315	343	376	412	454	501

2) 国民经济评价参数及项目投入物影子价格的调整

(1) 社会折现率取 10%。

(2) 建筑工程费用按三材(钢材、木材、水泥)的影子价格对财务评价估算予以调整,换算系数平均为 1.1。

(3) 安装工程影子价格换算系数平均为 1.20。

(4) 机电设备价格与国际市场价格相近,影子价格换算系数平均为 1.029 3。

(5) 工程建设其他费用调整后国民经济投资为 2 285 万元(不包括土地费用)。

(6) 土地影子费用按土地机会成本加新增资源消耗费用进行计算,该项目征地 1.306 7 平方公里,农作物年净收益 1.20×10^6 元/平方公里,年递增率 5%,使用期 25 年。本项目新增资源消耗的财务费用主要是征地管理费、安置费等,其总额估算为 392 万元。

(7) 基本预备费调整后国民经济投资为 2 629 万元。

(8) 运营费用工资福利换算系数为 1.2、外购燃动力等其他业务支出换算系数为 1.0。

(9) 计算期第 16 年年末(正常运行期),投入更新改造资金调整后国民经济投资为 5 415 万元。

3) 国民经济费用、效益分析

机场向国家和地方交付的关税、增值税和所得税等各种税金、支付的国内借款是国民经济内部转移支付。国民经济评价是根据"有项目"和"无项目"对比的原则来确定项目的净效益和费用,采用影子价格、影子汇率、社会折现率等参数,评价项目的经济可行性。本次评价中设定若无此项目,溢出的旅客由公路承担。

国民经济效益主要考虑旅客运输时间的节约、货物在途时间缩短、减少货物损失、增加外汇收益、旅客运输费用的节约、货物运输费用的节约和诱发效益。除减少货物损失的效益外，其他效益计算结果见表6.3。

表6.3　　　　　　　　　　　　　　　　　　　　　单位：万元

效益项目	投产期							正常运行期
	4	5	6	7	8	9	10	11～25
运输时间节约效益	5 594	6 537	7 639	8 928	10 433	12 193	14 249	16 651
货物在途时间缩短效益	1.27	1.49	1.74	2.03	2.37	2.77	3.24	3.79
减少货物损失的效益								
增加外汇收益	582	680	795	929	1 086	1 269	1 483	1 733
旅客运输费用节约效益	−3 200	−3 739	−4 370	−5 107	−5 968	−6 974	−8 150	−9 524
诱发效益	2 144	2 506	2 928	3 422	3 999	4 673	5 461	6 382

经测算：在途货物平均价值为10万元/t，有无项目对比时货物损失降低率为2%，有无项目时货物运输量及建设项目运营费用见表6.4。

表6.4　　　　　　　　　　　　　　　　　　　　　单位：万元

		项目名称	投产期							正常运行期
			4	5	6	7	8	9	10	11～25
有项目情况	货物运输量	正常增长	361	422	493	576	674	787	920	1 075
		其他方式转移	77	90	106	124	144	169	197	230
		本项目诱增	77	90	106	124	144	169	197	230
	建设项目运营费用	职工工资及福利费								
		其他费用								
		合计								
无项目情况	货物运输量	公路	439	513	599	700	818	956	1 117	1 306
		航空、铁路等	0	0	0	0	0	0	0	0
	建设项目运营费用	职工工资及福利费	37	38	39	40	42	43	45	46
		其他费用	76	84	93	104	115	129	144	162
		合计	113	122	132	144	157	172	189	208

问题:
(1) 计算减少货物损失的效益,确定国民经济效益。
(2) 进行国民经济费用调整。
(3) 编制国民经济效益费用流量表,计算经济净现值及内部收益率,进行国民经济评价。

习题解析

6.1 解:

尽管分析人员正确地计算了净现值,但其分析的方法存在问题。因为该项目属于公共建设项目,应考察其社会效益,正确的方法是采用费用效益分析方法。

6.2 解:

该项目属于公共事业工程,应分析社会效益和费用:

(1) 社会收益:减少了车辆运行成本(减少了未建工程之前的车辆因交通拥挤或堵塞造成的车辆停车启动次数,减少了车辆等待时间)、提高了车辆运行效率、减少了交通事故。

(2) 社会受损:工程占用地的原居民、企业拆迁的损失或占用了农田的损失、高空立交增加的空气污染、对周边环境的干扰、增加了车辆行驶里程等。

(3) 兴办者(政府)支出:建设投资(包括桥基勘探、设计费用、筑桥费用、环境建设费用)、年维护费用(包括保养费用、修补费用、管理费用)。

(4) 兴办者(政府)收入:土地提价、与工程相关的商业活动增加带来的税收增加、减少了维持交通秩序的值勤交通警察、减少了信号灯等交通控制系统的年运行维护费用。

6.3 解:

(1) 效益要素:

- 减少交通伤亡事故
- 减少交通事故造成的直接经济损失(车辆损坏)
- 汽车外观美化

费用要素:

- 日间自动照明系统增加的购置费用
- 该系统耗用的燃料(汽油)费用
- 该系统日常维修、维护费用
- 政府为推广此项目的宣传费用、补贴费用等

(2) 需要搜集的数据资料,包括:

- 每套照明系统的制造成本(价格) ⎫
- 每套系统安装人工消耗量、人工价格 ⎬(平均每套系统增加的购置费)
- 每套系统安装材料品种、数量、价格 ⎭
- 行驶每公里的照明系统增加的燃料数量、燃料价格
- 平均每件交通受伤事故赔偿的医药费、误工费等
- 平均每件交通死亡事故赔偿的补偿费用、善后费用等
- 平均每件交通事故损坏汽车的维修费
- 未装照明系统,平均每万公里交通受伤事故发生的次数
- 安装照明系统后,平均每万公里交通受伤事故发生的次数
- 未装照明系统,平均每万公里交通死亡事故发生的次数
- 安装照明系统后,平均每万公里交通死亡事故发生的次数
- 照明系统平均年维护和维修次数、每次的费用

(3) 绝对效果=效益现值-费用现值,若绝对效果≥0,则说明是一项有利的制度措施;

或答:

相对效果=$\dfrac{效益现值}{费用现值}$,若相对效果≥1,则说明是一项有利的制度措施。

或写公式

$$B/C = \dfrac{\sum B_t(1+i)^{-t}}{\sum C_t(1+i)^{-t}} \text{ 或 } B-C = \sum B_t(1+i)^{-t} - \sum C_t(1+i)^{-t}$$

6.4 解:

A、B两种原料为非外贸货物,以市场价格为基础进行影子价格的测算,则

A原料的成本为 200×1.2+200×10%=260(万元)

A原料的成本为 50×1.5+50×10%=80(万元)

C原料是可外贸货物,按投入物的影子价格计算方法:

C原料的成本为 100×6.335×1.08+15=699(万元)

三者相加,得到经济费用效益评价的年原料总成本为1 039万元。

6.5 解:

在经济费用效益评价中,直接效益表现有多种形式,如增加产出物、替代落后产业、增加出口或减少出口品。据此,可计算出该项目年营业收入:

减少产品进口5万吨的年营业收入为 800×6.335 0×1.08×5+100×5=27 867(万元)

增加国内市场供给 6 万吨的年营业收入为 $(5\,000-50)\times 6=29\,700$(万元)

替代落后企业 4 万吨的年营业收入为 $4\,000\times 4=16\,000$(万元)

所以该项目经济费用效益评价的年营业收入为 $27\,867+29\,700+16\,000=73\,567$(万元)

6.6 解：

(1) 现金流量调整

根据财务分析的结果，对现金流量进行调整。因为国民经济影子价格与市场价格相同，所以主要考虑收益和费用的范围的变化。

① 投资费用调整

设备购置费中应不计入税金(包括关税和增值税及附加)，并考虑影子汇率调整，所以设备购置费调整为

设备购置费 = 到岸价格 × 影子汇率 + 贸易费用 + 国内运费
$$= (163\times 8.3+17\times 8.3)\times 1.08+(163\times 8.3+17\times 8.3)\times 3.5\%+12.7=1\,679(万元)$$

则期初增量净现金流量调整为

$$1\,588-1\,688+1\,679=1\,579(万元)$$

② 经营费用调整

经营费用中考虑由于改扩建增加的污染物实际损害。

增加损害为

$$(4\,500-3\,200)\times 10\%=130(万元)$$

则 1～4 年的增量净现金流量调整为

$$500-130=370(万元)$$

第 5 年的增量净现金流量调整为

$$550-130=420(万元)$$

③ 该改扩建项目的国民经济增量净效益费用流量图如图 6.2

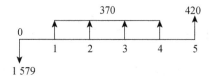

图 6.2

(2) 计算经济净现值并分析

$$FNPV = -1\,579 + 370 \times (P/A, 10\%, 4) + 420 \times (P/F, 10\%, 5)$$
$$= -145(万元) < 0$$

因此,该项目国民经济评价是不可行的。

6.7 解:

(1) 国民经济效益(表 6.5)

在表 6.3 的基础上,增加减少货物损失的效益。

第 4 年:$(361+77+77) \times 10 \times 2\% = 103(万元)$

第 5 年:$(422+90+90) \times 10 \times 2\% = 121(万元)$

……

第 11~25 年:$(1\,075+230+230) \times 10 \times 2\% = 307(万元)$

表 6.5 单位:万元

效益项目	投产期							正常运行期
	4	5	6	7	8	9	10	11~25
运输时间节约效益	5 594	6 537	7 639	8 928	10 433	12 193	14 249	16 651
货物在途时间缩短效益	1.27	1.49	1.74	2.03	2.37	2.77	3.24	3.79
减少货物损失的效益	103	121	141	165	192	225	263	307
增加外汇收益	582	680	795	929	1 086	1 269	1 483	1 733
旅客运输费用节约效益	-3 200	-3 739	-4 370	-5 107	-5 968	-6 974	-8 150	-9 524
诱发效益	2 144	2 506	2 928	3 422	3 999	4 673	5 461	6 382

(2) 费用数值调整

① 建设投资的调整(表 6.6)

该项目征地 1.306 7 平方公里,农作物年净收益 1.20×10^6 元/平方公里,年递增率 5%,使用期 25 年,25 年内土地净收益为

$$1.306\,7 \times \left[\sum_{t=1}^{25} 1.20 \times 10^6 \times \left(\frac{1+5\%}{1+10\%}\right)^t\right] / 10\,000 = 1\,883(万元)$$

本项目新增资源消耗的财务费用主要是征地管理费、安置费等,其总额估算为 392 万元:

土地影子费用 = 土地机会成本 + 新增资源消耗 = 1 883 + 392 = 2 275(万元)

表6.6　　　　　　　　　　　　　　　　　　　　　　　　　　　　单位:万元

序号	费用名称	财务投资	国民经济
1	建设投资	41 580	46 050
1.1	建筑工程	30 877	33 964
1.2	设备	4 335	4 462
1.3	安装工程	363	435
1.4	工程建设其他费用	3 335	4 560
	其中:土地费用	870	2 275
1.5	基本预备费(10%)	2 035	2 629
1.6	建设期涨价预备费		
1.7	建设期利息	636	0
2	合计	41 580	46 050

② 年运营费用调整计算(表6.7)

在财务经营费用的基础上进行调整,工资福利换算系数为1.2、外购燃动力等其他业务支出换算系数为1.0。

表6.7　　　　　　　　　　　　　　　　　　　　　　　　　　　　单位:万元

费用名称		投产期							正常运行期
		4	5	6	7	8	9	10	11~25
职工工资及福利费	有项目	92	95	98	101	104	108	111	115
	无项目	37	38	39	40	42	43	45	46
其他费用	有项目	190	210	233	259	289	322	361	405
	无项目	76	84	93	104	115	129	144	162
合计	有项目	282	305	331	360	393	430	472	520
	无项目	113	122	132	144	157	172	189	208
有项目—无项目		169	183	199	216	236	258	283	312

(3) 国民经济效益费用流量表(表6.8)

表6.8 单位:万元

序号	项目	建设期			运行初期							正常运行期			合计
		1	2	3	4	5	6	7	8	9	10	11~15	16	17~24	25	
1	效益流量				5 225	6 106	7 136	8 339	9 745	11 388	13 309	1 553×5	1 553	1 553×8	1 553	294 546
1.1	运输时间节约效益				5 594	6 537	7 639	8 928	10 433	12 193	14 249	16 651×5	16 651	16 651×8	16 651	315 342
1.2	货物在途时间缩短效益				1.27	1.49	1.74	2.03	2.37	2.77	3.24	3.79×5	3.79	3.79×8	3.79	
1.3	减少货物损失的效益				103	121	141	165	192	225	263	307×5	307	307×8	307	
1.4	增加外汇收益				582	680	795	929	1 086	1 269	1 483	1 733×5	1 733	1 733×8	1 733	32 832
1.5	旅客运输费用的节约效益				−3 200	−3 739	−4 370	−5 107	−5 968	−6 974	−8 150	−9 524×5	−9 524	−9 524×8	−9 524	−180 372
1.6	诱发效益				2 144	2 506	2 928	3 422	3 999	4 673	5 461	6 382×5	6 382	6 382×8	6 382	120 864
2	费用流量	9 210	23 025	13 815	169	183	199	216	236	258	283	312×5	5 727	312×8	312	57 687
2.1	建设投资	9 210	23 025	13 815									5 415			51 465
2.2	运营费用				169	183	199	216	236	258	283	312×5	312	312×8	312	6 222
3	净效益流量	−9 210	−23 025	−13 815	5 056	5 923	6 937	8 123	9 509	11 130	13 026	15 241×5	9 826	15 241×8	15 241	236 858

评价指标:
经济净现值(社会折现率=10%):34 975万元
经济内部收益率:17.69%

7 不确定性分析与风险分析

在前面章节中,无论工程经济学原理部分,还是建设项目财务分析与费用效益分析,都属于确定性分析方法。需要明确的是,工程经济研究的问题都是未来要实施的方案,确定性分析所依据的现金流量要素数据均来自于评估者的预测与估计,显然其与未来实际发生的数据不可能完全一致。经济要素未来变化的不确定性给投资项目带来了风险,因此工程经济问题研究需要对项目经济效果的不确定性和风险进行评估。

本章的知识要点包括:
(1) 不确定性与风险的含义;
(2) 不确定性分析与风险分析的区别与联系;
(3) 不确定性分析方法与风险分析方法;
(4) 线性盈亏平衡分析方法和过程;
(5) 单参数敏感性分析方法与过程;
(6) 风险识别、风险估计、风险评价的基本方法及风险等级的判别;
(7) 概率树风险分析技术及过程;
(8) 蒙特卡罗模拟技术与概率树分析技术的适用范围比较。

其中,重点是盈亏平衡分析、敏感性分析及概率树分析技术,难点是敏感性分析中指标随因素变化的数值计算和敏感度系数计算,以及概率树分析中概率枝事件的现金流量计算。本章学习中,应重点关注的是理解不确定性分析与风险分析的基本思路与方法,而不是记忆公式。

习 题

7.1 某企业生产某种产品,设计年产量为 6 000 件,每件产品不含销项增值税的出厂价格估算为 51 元,每件产品的税金及附加为 1 元,以不含进项增值税价格计算的企业每年固定性开支为 66 000 元、每件产品成本为 28 元。试计算:
(1) 企业的最大可能盈利;

(2) 企业不盈不亏时最低产量；

(3) 企业年利润为 5 万元时的产量。

7.2 某工厂生产和销售某种产品，单价为 15 元，单位变动成本为 12 元，全月固定成本 10 万元，每月销售 4 万件。由于某些原因，其产品单价将降至 13.5 元，同时每月还将增加广告费 2 万元。试计算：

(1) 该产品此时的盈亏平衡点。

(2) 增加销售多少件产品才能使利润比原来增加 5%？

7.3 某改扩建项目的初始投资为 1 500 万元。改扩建后的年设计生产能力从原来的 100 万吨提高到 150 万吨，并且由于质量有所提高，售价由原来的 8 元/t 提高到 10 元/t。同时，由于采用了先进技术，使变动成本由原来的 4.5 元/t 降到 4 元/t。固定成本由原来 200 万元增加到 350 万元。价格和成本均为不含税的数据，税金及附加为销售收入的 5%。计算改扩建前后的生产能力利用率盈亏平衡点，分析其变化并做出评价。

7.4 某化工厂生产某种化工原料，设计生产能力为年产 7.2 万 t，产品售价为 1 300 元/t，每年的固定成本为 1 740 万元，单位产品可变成本为 930 元/t。试分别画出年固定成本、年可变成本、单位产品固定成本、单位产品可变成本与年产量的关系曲线，并求出以年产量、年销售收入、生产能力利用率、销售价格、单位产品可变成本表示的盈亏平衡点。

7.5 某企业有一扩建工程，建设期 2 年，生产运营期 8 年，现金流量如表 7.1 所示。设基准折现率为 12%，基准投资回收期 5 年（不含建设期），不考虑所得税，试就投资、销售收入、经营成本等因素的变化对投资回收期、内部收益率、净现值的影响进行单因素敏感性分析，画出敏感性分析图，并指出敏感因素，确定因素变化的临界值。

表 7.1   单位：万元

年末	0	1	2	3	4	5	6	7	8	9
投资	−1 600	−2 600								
销售收入			2 600	4 200	4 200	4 200	4 200	4 200	4 200	4 200
经营成本			1 800	3 000	3 000	3 000	3 000	3 000	3 000	3 000
期末资产残值										600
净现金流量	−1 600	−2 600	800	1 200	1 200	1 200	1 200	1 200	1 200	1 800

7.6 设有 A、B 两个方案,经初步分析,销售情况及其对应的概率和净现值如表 7.2 所示。试比较这两个方案风险的大小。

表 7.2

销售情况	概率	净现值/万元	
		方案 A	方案 B
好	0.6	20	15
一般	0.2	5	10
差	0.2	−5	5

7.7 某工业项目建设期需要 1 年,第二年可开始生产经营,但项目初始投资总额、投产后每年的净收益以及产品的市场寿命期是不确定的,各不确定因素的各种状态及其发生概率和估计值见表 7.3。设各不确定因素之间相互独立,最低期望收益率为 20%,试用概率树法进行风险评估。

表 7.3

	发生概率	初始投资/万元	寿命期/年	年净收益/万元
乐观状态	0.17	900	10	500
最可能状态	0.66	1 000	7	400
悲观状态	0.17	1 200	4	250

习题解析

7.1 解:
设年产量为 x,则

$$\text{不含税年销售收入 } B = (50-1)x = 50x$$
$$\text{年总成本 } C = 66\,000 + 28x$$
$$\text{年利润 } I = B - C = 22x - 66\,000$$

(1) 企业最大利润 $= 22 \times 6\,000 - 66\,000 = 66\,000$(元)
(2) 不盈不亏产量,即盈亏平衡点产量(图 7.1),可用公式计算

$$\frac{66\,000}{(50-1)-28} = 3\,000 \text{(件)}$$

也可以直接根据盈亏平衡点概念求解:
$B = C$,或 $I = B - C = 22x - 66\,000 = 0$,即可解得。
(3) $I = B - C = 22x - 66\,000 = 50\,000$,解得 $x = 5\,273$(件)

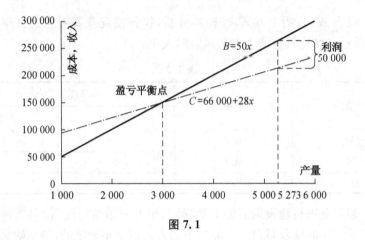

图 7.1

7.2 解：

盈亏平衡分析问题解题时注意：(1)如果题目未明示价格、收入和成本等数据是否按含税价格计算的，可默认为不含税。(2)如果题目未说明税金及附加的数量、税率，或比率，可默认为0。

设产品在变化后的月产量为 x，则

$$月销售收入 B = 13.5x$$
$$月总成本 C = (100\,000 + 20\,000) + 12x$$
$$月利润 I = B - C = 1.5x - 120\,000$$

(1) 改变后，盈亏平衡点销售量为

$$\frac{100\,000 + 20\,000}{13.5 - 12} = 80\,000(件)$$

也可直接根据利润等于0求得。

(2) 原月利润为 $15 \times 40\,000 - (100\,000 + 12 \times 40\,000) = 20\,000$(元)

要使利润比原来增加5%，即月利润要达到 $20\,000 \times (1+5\%) = 21\,000$(元)
则每月销售量满足下式

$$I = B - C = 1.5x - 120\,000 = 21\,000$$

解得 $x = 94\,000$(件)
增加的销售量为 $94\,000 - 40\,000 = 54\,000$(件)。

7.3 解：

不扩建盈亏平衡点产量

$$\frac{200}{8 \times (1-5\%) - 4.5} = 64.52(万吨)$$

不扩建盈亏平衡点生产能力利用率为

$$\frac{64.52}{100} \times 100\% = 65\%$$

扩建盈亏平衡点产量

$$\frac{350}{10 \times (1-5\%) - 4} = 63.64(万吨)$$

扩建盈亏平衡点生产能力利用率为

$$\frac{63.64}{150} \times 100\% = 42\%$$

从上面计算的结果来看,扩建后项目盈亏平衡点生产能力利用率由 65% 下降到 42%,扩建投资的不确定性较小,且使得项目的不确定性大大降低。

7.4 解:

设年产量为 Q 万 t,则

年收入为 $S = 1\,300Q$
年可变成本为 $C_v = 930Q$
年固定成本为 $C_f = 1\,740$
单位产品固定成本为 $\dfrac{1\,740}{Q}$
单位产品可变成本为 930

年固定成本、年可变成本与年产量的关系曲线如图 7.2 所示,单位产品固定成本、单位产品可变成本与年产量的关系曲线如图 7.3 所示。

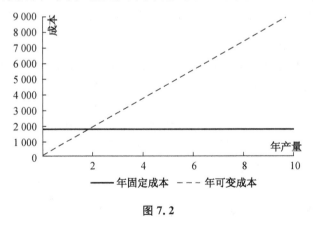

图 7.2

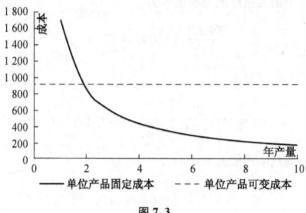

图 7.3

各个变量的盈亏平衡点可直接采用相关工程经济学教材中提供的公式计算,但更好的解法是在对知识理解的基础上,采用解析方法获得结果。

(1) 产量盈亏平衡点

年收入为 $S = 1\,300Q$

年总成本为 $C = C_f + C_v = 1\,740 + 930Q$

设产量盈亏平衡点为 $BEP(Q)$,在盈亏平衡点 $S = C$,则

$$1\,300 \times BEP(Q) = 1\,740 + 930 \times BEP(Q)$$

可解得,$BEP(Q) = 4.7$(万 t)

(2) 年销售收入盈亏平衡点

年销售收入盈亏平衡点即为当达到盈亏平衡点产量时的年销售收入,所以年销售收入盈亏平衡点为

$$BEP(S) = 1\,300 \times BEP(Q) = 1\,300 \times 4.7 = 6\,110(万元)$$

(3) 生产能力利用率盈亏平衡点

生产能力利用率盈亏平衡点即为盈亏平衡点产量占设计能力的比率,所以生产能力利用率盈亏平衡点为

$$BEP(\%) = \frac{BEP(Q)}{Q_d} \times 100\% = \frac{4.7}{7.2} \times 100\% = 65.28\%$$

(4) 销售价格盈亏平衡点

设盈亏平衡点销售价格为 $BEP(p)$。

在盈亏平衡点 $S=C$,按设计生产能力生产,则

$$BEP(p) \times 7.2 = 1\,740 + 930 \times 7.2$$

解得 $BEP(p) = 1\,172$(元/t)

(5) 单位产品可变成本盈亏平衡点

设盈亏平衡点单位产品可变成本为 $BEP(C_v)$。

在盈亏平衡点 $S=C$，按设计生产能力生产，则

$$1\,300 \times 7.2 = 1\,740 + BEP(p) \times 7.2$$

解得 $BEP(C_v) = 1\,058$(元/t)

7.5 解：

(1) 计算初始方案的评价指标

根据投资现金流量表，分别计算初始的（因素变化率为 0）指标值，$NPV = 1\,299$ 万元、$IRR = 19\%$、静态投资回收期 $= 4.83$ 年。

(2) 编制敏感性分析表

以静态投资回收期随投资变化为例，分别在各投资变化率为 $\pm 20\%$、0%、$\pm 10\%$ 时，计算出方案各年的累计净现金流量，确定投资回收期（表 7.4）。采用相同的方法，可获得销售收入、经营成本变化率在 $\pm 20\%$、0%、$\pm 10\%$ 等情况下的投资回收期，编制出静态投资回收期敏感性分析表（表 7.5）。同理，分别在投资、销售收入、经营成本各因素变化率在 $\pm 20\%$、0%、$\pm 10\%$ 时，计算净现值、内部收益率指标，编制净现值敏感性分析表（表 7.6）和内部收益率敏感性分析表（表 7.7）。

表 7.4　　　　　　　　　　　　　　　　　单位：万元

变化率	计算期/累计净现金流量										投资回收期
	0	1	2	3	4	5	6	7	8	9	
-20%	$-1\,280$	$-3\,360$	$-2\,560$	$-1\,360$	-160	$1\,040$	$2\,240$	$3\,440$	$4\,640$	$6\,440$	4.13
-10%	$-1\,440$	$-3\,780$	$-2\,980$	$-1\,780$	-580	620	$1\,820$	$3\,020$	$4\,220$	$6\,020$	4.48
0%	$-1\,600$	$-4\,200$	$-3\,400$	$-2\,200$	$-1\,000$	200	$1\,400$	$2\,600$	$3\,800$	$5\,600$	4.83
10%	$-1\,760$	$-4\,620$	$-3\,820$	$-2\,620$	$-1\,420$	-220	980	$2\,180$	$3\,380$	$5\,180$	5.18
20%	$-1\,920$	$-5\,040$	$-4\,240$	$-3\,040$	$-1\,840$	-640	560	$1\,760$	$2\,960$	$4\,760$	5.53

表 7.5　　　　　　　　　　　　　　　　　单位：年

因素变化率	-20%	-10%	0%	10%	20%
指标随投资变化	4.13	4.48	4.83	5.18	5.53
指标随销售收入变化	10.00	6.69	4.83	3.94	3.41
指标随经营成本变化	3.69	4.15	4.83	5.98	8.13

表 7.6　　　　　　　　　　　　　　　　　　　　　　　单位:万元

因素变化率	−20%	−10%	0%	10%	20%
指标随投资变化	2 083	1 691	1 299	906	514
指标随销售收入变化	−2 172	−437	1 299	3 034	4 769
指标随经营成本变化	3 768	2 533	1 299	64	−1 171

表 7.7

因素变化率	−20%	−10%	0%	10%	20%
指标随投资变化	26%	22%	19%	17%	15%
指标随销售收入变化	—*	9%	19%	28%	35%
指标随经营成本变化	31%	26%	19%	12%	4%

注*:本格为负值,没有实际经济意义,故可不计算。

(3) 绘制敏感性分析图

根据上述三表可分别绘制出静态投资回收期、净现值、内部收益率这三个指标的敏感性分析图(图 7.4、图 7.5 和图 7.6)。

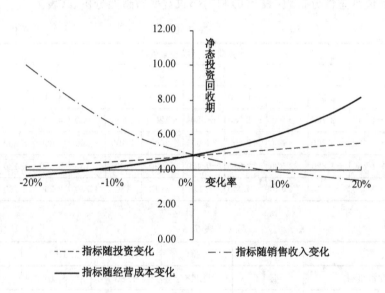

图 7.4

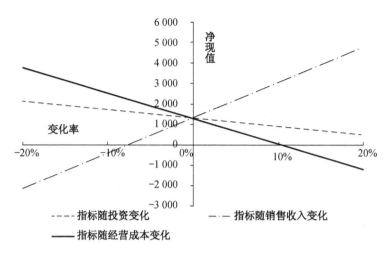

图 7.5

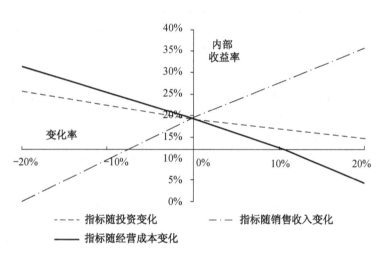

图 7.6

(4) 判断敏感性因素

从净现值敏感性分析表可看出,当投资增加10%时,净现值由1 299减少到906;当销售收入降低10%时,净现值由1 299减少到-437;当经营成本增加10%时,净现值由1 299减少到64。显然,销售收入因素变化引起的净现值指标变化幅度最大,其次是经营成本变化,三个因素中投资因素变化引起的净现值指标变化幅度最小,因此销售收入是最敏感的因素,其次是经营成本,再次是投资。其他两个指标的敏感性分析表也可得出同样的结论。

也可以计算敏感度系数进行判断,计算时宜选择指标同方向变化的数据且因素变化率绝对值相同,其计算以内部收益率指标为例:

其对投资变化的敏感度为 $\dfrac{(26\%-19\%)/19\%}{20\%}=1.84$

其对销售收入变化的敏感度为 $\dfrac{(35\%-19\%)/19\%}{20\%}=4.21$

其对经营成本变化的敏感度为 $\dfrac{(31\%-19\%)/19\%}{20\%}=3.16$

各指标随因素变化的敏感度系数计算结果见表7.8。

表7.8

因素	净现值	内部收益率	静态回收期
投资	3.02	1.84	−0.72
销售收入	13.36	4.21	−1.47
经营成本	9.51	3.16	−1.18

敏感度的绝对值越大,表明指标对该因素变化越敏感。因此销售收入是最敏感的因素,其次是经营成本,再次是投资。

也可以根据各敏感性分析图进行判断,根据图中曲线(直线)的斜率大小也可以得到相同的结论(曲线斜率越大,说明指标对于该曲线所代表的因素变化越敏感)。

(5)计算因素变化的临界值

净现值变化的临界点是0,内部收益率变化的临界点是12%,静态投资回收期变化的临界点是6年(含1年建设期)。据此,可计算因素变化的临界值,以投资回收期指标及销售收入因素为例,设因素变化率为 x,则

$$-1\,600-2\,600+[2\,600\times(1+x)-1\,800]+[4\,200\times(1+x)-3\,000]\times 4=0$$

可解得,$x=-7.22\%$。即当年销售收入减少7.22%时,投资回收期到达6年的临界点,则−7.22%为销售收入变化的临界值。

同理,可计算出对于各指标各因素变化的临界值(表7.9)。

表7.9

因素	净现值	内部收益率	静态回收期
投资	33.11%	32.62%	33.33%
销售收入	−7.48%	−7.45%	−7.22%
经营成本	10.51%	10.48%	10.14%

各因素变化幅度超过临界值,则意味着项目在经济上是不合算的。临界值也反映出因素的敏感程度,临界值绝对值越小,说明因素越敏感。

7.6 解：

风险可以通过净现值小于0(或大于0)的概率及净现值的方差(或离散系数)进行评价(表7.10)。

表7.10

销售情况	概率	A方案				B方案			
		净现值	累计概率	期望净现值	方差	净现值	累计概率	期望净现值	方差
(1)	(2)	(3)	(4)	(5)=(2)×(3)	(6)=[12−(3)]²×(2)	(7)	(8)	(9)=(2)×(7)	(10)=[12−(7)]²×(2)
好	0.6	20	1	12	38.4	15	1	9	5.4
一般	0.2	5	0.4	1	9.8	10	0.4	2	0.8
差	0.2	−5	0.2	−1	57.8	5	0.2	1	9.8
合计	1			12	106			12	16

可绘制累计概率分布图(图7.7)，从表7.10中可看出，A方案净现值小于0的概率为0.2，B方案净现值小于0的概率为0。

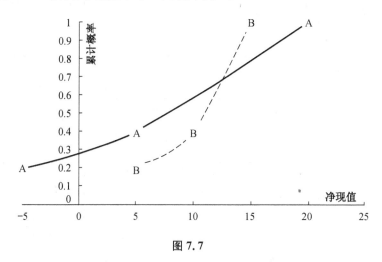

图7.7

净现值期望值 $E(NPV_A) = 12$，$E(NPV_B) = 12$

净现值方差 $\sigma_A^2 = 106$，$\sigma_B^2 = 16$

净现值标准差 $\sigma_A = \sqrt{106} = 10.3$，$\sigma_B = \sqrt{16} = 4$

离散系数 $CV_A = \dfrac{\sigma_A}{E(NPV_A)} = \dfrac{10.3}{12} = 0.86$，$CV_B = \dfrac{\sigma_B}{E(NPV_B)} = \dfrac{4}{12} = 0.33$

从净现值小于 0 的概率、方差及离散系数来看，A 方案的投资风险大于 B 方案。

7.7 解：

(1) 绘制概率树图表，计算各概率枝事件的净现值和期望净现值

根据题中数据，建立的概率树见表 7.11 左侧所示，在此基础上可计算出各概率枝事件的发生概率，以及根据各事件的投资、寿命和年净收益状态，计算净现值和加权净现值(净现值与发生概率的乘积)。加权净现值之和 366 万元，即为期望净现值。

表 7.11

投资状态/概率	寿命状态/概率	年净收益状态/概率	发生概率	投资	寿命	年净收益	净现值	加权净现值	事件
乐观状态/0.17	乐观状态/0.17	乐观状态/0.17	0.005	900	10	500	1 196	6	(1)
		最可能状态/0.66	0.019	900	10	400	777	15	(2)
		悲观状态/0.17	0.005	900	10	250	148	1	(3)
	最可能状态/0.66	乐观状态/0.17	0.019	900	7	500	902	17	(4)
		最可能状态/0.66	0.074	900	7	400	542	40	(5)
		悲观状态/0.17	0.019	900	7	250	1	0	(6)
	悲观状态/0.17	乐观状态/0.17	0.005	900	4	500	394	2	(7)
		最可能状态/0.66	0.019	900	4	400	135	3	(8)
		悲观状态/0.17	0.005	900	4	250	−253	−1	(9)
最可能状态/0.66	乐观状态/0.17	乐观状态/0.17	0.019	1 000	10	500	1 096	21	(10)
		最可能状态/0.66	0.074	1 000	10	400	677	50	(11)
		悲观状态/0.17	0.019	1 000	10	250	48	1	(12)
	最可能状态/0.66	乐观状态/0.17	0.074	1 000	7	500	802	59	(13)
		最可能状态/0.66	0.287	1 000	7	400	442	127	(14)
		悲观状态/0.17	0.074	1 000	7	250	−99	−7	(15)
	悲观状态/0.17	乐观状态/0.17	0.019	1 000	4	500	294	6	(16)
		最可能状态/0.66	0.074	1 000	4	400	35	3	(17)
		悲观状态/0.17	0.019	1 000	4	250	−353	−7	(18)
悲观状态/0.17	乐观状态/0.17	乐观状态/0.17	0.005	1 200	10	500	896	4	(19)
		最可能状态/0.66	0.019	1 200	10	400	477	9	(20)
		悲观状态/0.17	0.005	1 200	10	250	−152	−1	(21)

续表 7.11

投资状态/概率	寿命状态/概率	年净收益状态/概率	发生概率	投资	寿命	年净收益	净现值	加权净现值	事件
悲观状态/0.17	最可能状态/0.66	乐观状态/0.17	0.019	1 200	7	500	602	11	(22)
		最可能状态/0.66	0.074	1 200	7	400	242	18	(23)
		悲观状态/0.17	0.019	1 200	7	250	−299	−6	(24)
	悲观状态/0.17	乐观状态/0.17	0.005	1 200	4	500	94	0	(25)
		最可能状态/0.66	0.019	1 200	4	400	−165	−3	(26)
		悲观状态/0.17	0.005	1 200	4	250	−553	−3	(27)
合计			1					366	

(2) 计算累计概率和方差

对事件重新按净现值升序排序,并计算累积概率分布和方差(表7.12)。方差计算公式为:(期望净现值−净现值)^2×发生概率。

表 7.12

事件	净现值	发生概率	累积概率分布	方差
(27)	−553	0.005	0.005	4 145
(18)	−353	0.019	0.024	9 848
(24)	−299	0.019	0.043	8 424
(9)	−253	0.005	0.048	1 880
(26)	−165	0.019	0.067	5 362
(21)	−152	0.005	0.072	1 316
(15)	−99	0.074	0.146	15 982
(6)	1	0.019	0.165	2 535
(17)	35	0.074	0.239	8 075
(12)	48	0.019	0.258	1 924
(25)	94	0.005	0.263	362
(8)	135	0.019	0.282	1 011
(3)	148	0.005	0.287	233
(23)	242	0.074	0.361	1 136
(16)	294	0.019	0.380	97
(7)	394	0.005	0.385	4

续表 7.12

事件	净现值	发生概率	累积概率分布	方差
(14)	442	0.287	0.673	1 666
(20)	477	0.019	0.692	236
(5)	542	0.074	0.766	2 297
(22)	602	0.019	0.785	1 068
(11)	677	0.074	0.859	7 175
(2)	777	0.019	0.878	3 226
(13)	802	0.074	0.952	14 115
(19)	896	0.005	0.957	1 383
(4)	902	0.019	0.976	5 492
(10)	1 096	0.019	0.995	10 179
(1)	1 196	0.005	1.000	3 389
合计		1.000		112 559

(3) 绘制净现值概率分布及累积概率分布图

根据表 7.12,对 27 个净现值数据进行统计处理,数据区间为 1 749[1 196—(−553)],可分为 7 个直方图($\sqrt{27}+1$),组距为 337(1 749/$\sqrt{27}$),据此绘制出净现值的概率分布图(图 7.8),可见净现值概率分布是一个正态分布。

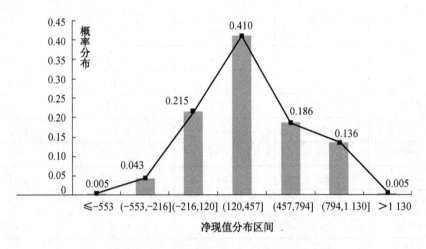

图 7.8

根据表 7.12 的累积概率分布,绘制累积概率分布图(图 7.9)。根据表 7.12

的数据及图7.9可看出，$P(NPV<0)=0.146$。

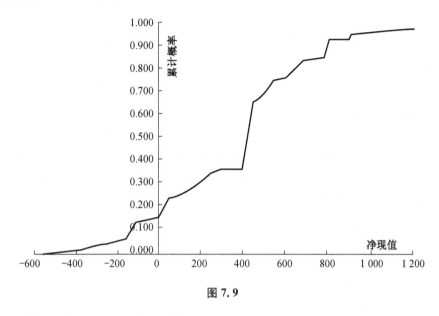

图 7.9

(4) 计算方差、标准差及离散系数

净现值期望值 $E(NPV)=366$

净现值方差 $\sigma^2=112\,559$

净现值标准差 $\sigma=\sqrt{112\,559}=336$

离散系数(变异系数)$CV=\dfrac{\sigma}{E(NPV)}=\dfrac{335}{366}=0.92$

(5) 项目风险评价

净现值的期望值为336万元，大于0，且其分布服从正态分布，说明其值集中于期望值附近；从累积概率分布来看，净现值小于0的概率为0.146，离散系数也较小。据此，可判断该项目的投资风险较低。

8 价 值 工 程

 学习指导

与前面各章的工程经济问题研究相比较,价值工程有与其相同与不同之处。相同的是,两者都是以寻求经济效果好的工程方案为目标;不同的是,前者强调的是在已有或已确定的方案中选择经济效果最优的方案,而后者强调的是以产品功能分析为核心,寻求通过创新方案实现产品功能改进或成本改进,保证既定的经济效果目标得以实现。

本章的知识要点包括:
(1) 价值工程的概念及特点;
(2) 价值工程的工作程序;
(3) 价值工程对象的选择方法;
(4) 功能定义的要点;
(5) 功能整理的步骤;
(6) 功能评价的过程;
(7) 功能重要性系数、改进范围及功能改进与成本改进对象的确定方法;
(8) 改进方案的提出与评价方法;
(9) 应用价值工程注意的若干问题。

其中,重点是价值工程分析对象的选择、功能评价过程及改进对象的确定,难点是如何根据产品(工程)本身的情况及相关的数据计算结果确定功能改进对象和成本改进对象。本章学习中,要明确的是,价值工程主要用于产品(工程)的设计阶段,着重于产品(工程)的功能分析。尤其是当面对很少或者仅有一个产品(工程)设计方案时,价值工程方法可通过功能块或零部件的价值系数等指标判断和确定产品(工程)方案改进的方向,通过设计优化或创新方案,实现经济效果目标。

 习 题

8.1 一企业生产的某产品共有 14 种零件,总成本 15 040 元,各零件的数量及单件零件成本见表 8.1。企业拟对该产品进行价值工程分析工作,请用 ABC 分

析法选择价值工程的工作对象。

表 8.1

零件名称	数量/件	单件成本/元
a	30	40
b	10	160
c	10	400
d	50	10
e	20	60
f	80	3
g	8	300
h	20	50
i	100	3
j	60	5
k	60	10
l	20	50
m	50	6
n	80	5

8.2 手机曾经是中青年人群的"专利"。随着生活水平的提高,老年人也出现了手机消费需求。但是市场上销售的手机所具有的功能复杂、使用操作繁琐、小按键或无按键、价格高等特征,让许多老人望而却步。近年来,一些手机生产厂商推出了老人专用的手机(如图 8.1)。老人手机是在中青年使用的手机基础上进行的改进设计,适用于老年人群,特点是使用方便、操作简单、大音量、大字体、长待机、低价格等,一些产品带有一键"SOS"紧急呼叫、一键亲情号码等功能。试问:

(1) 可用本科目所学知识中哪种理论解释老人手机改进设计的优化过程?

(2) 如果由您主持老人手机的优化设计工作,基于这一理论及其分析技术,您将如何开展工作?

图 8.1

8.3 某产品有 A、B、C、D、E 五项功能,各功能的目前成本和功能重要性比较结果见表 8.2,目标成本为 450 元。试确定其价值工程改进目标。

表 8.2

产品功能	功能重要性比较	目前成本(元)
A	A 与 B 比较同等重要,与 C 相比较为重要,与 D 和 E 相比非常重要	210
B	B 与 C 相比同等重要,与 D、E 相比非常重要	100
C	C 与 D 相比同等重要,与 E 相比较为重要	110
D	D 与 E 相比较为重要	60
E		20

8.4 某企业为了加强竞争,拟对其产品进行改进,并将成本由目前的 650 元降低到 600 元。该产品有 A、B、C、D、E、F 等六个功能,每个功能的重要性系数、目前成本、成本系数及价值系数见表 8.3。试据此表做进一步的计算(可直接在表中计算),明确价值分析对象,确定功能和成本的改进对象及改进目标。

表 8.3

功能	功能系数	目前成本(元)	成本系数	价值系数
A	0.2	200	0.308	0.650
B	0.15	100	0.154	0.975
C	0.25	160	0.246	1.016
D	0.3	100	0.154	1.950
E	0.05	70	0.108	0.464
F	0.05	20	0.031	1.625
合计	1	650	1	

8.5 鑫城开发公司拟开发阳光鑫城住宅小区,其智能化系统的初步设计方案由有线电视、局域网综合布线、访客对讲、住户报警、周界防越(A)、电子巡更(B)、停车管理(C)、小区闭路电视(D)、背景音乐(E)、网络信息发布(F)等十个功能块组成。前四个功能为目前住宅智能化系统必备功能。后六个功能,按初步设计方案造价为 500 万元,考虑 20 年的长期运行费用现值为 500 万元,各功能块全寿命周期成本现值见表 8.4。鉴于目前许多小区建设中存在的片面追求智能化系统的先进性而忽视其适用性和经济性的问题,鑫城公司相关部门拟组织价值工程小组,对后六个功能开展价值工程研究,并计划将全寿命周期总成本降到 800 万元。价值工程小组对各功能重要程度比较结果见表 8.4。

表 8.4

功能	功能重要性比较	各功能块全寿命周期成本/万元
A	比 D、E、F 重要	100
B	与其他功能相比,都重要	120
C	比 A、D、E、F 重要	180
D	比 E、F 重要	300
E	比 F 重要	200
F	与其他功能相比,都不重要	100
合计		1 000

(1)你认为价值工程小组成员应该由哪些人员构成?

(2)请根据题干的数据与资料,对该阳光鑫城小区的智能化系统进行价值分析,确定价值分析的改进对象和改进目标。

(3)本案例采用全寿命周期成本进行价值分析是否合理?为什么?

8.6 某汽车制造企业拟投资新的城市客车涂装线工程,设计概算造价为2 000万元,与投资成本比例经验数据相比,超支幅度较大,拟对此进行价值工程工作,将投资造价降至1 600万元。价值工程小组获得了如表8.5所示的数据,其中电动平板车、大转盘、空压机和冷干机等部品主要是采购的设备,性价比已经相当高,可排除在进一步价值分析范围之外。请根据以上数据与资料,对其他部品进行进一步的价值分析,确定成本改进对象、功能改进对象并说明理由。

表 8.5

涂装线工程部品构成	功能评价系数	概算造价构成/万元
喷胶室	0.021	40
打磨室	0.111	135
喷漆室	0.181	650
烘干室	0.188	630
电动升降平台	0.021	130
电动平板车	0.207	80
大转盘	0.111	20
空压机、冷干机	0.042	25
10 t 锅炉	0.118	290
合计	1	2 000

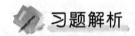

8.1 解:

计算出各种零件的成本总额,按成本总额的降序重新排序,并计算出各种零件的成本百分比、数量百分比,并按新的排序计算累计成本百分比和累计数量百分比(见表 8.6)。根据 ABC 分类规则,c、g、b、e 及 a 零件属于 A 类零件,应作为价值工程工作的对象。

表 8.6

零件名称	数量/件	单件成本/元	成本总额/元	成本百分比	数量百分比	累计成本百分比	累计数量百分比	分类
c	10	400	4 000	26.60%	1.67%	26.60%	1.67%	A
g	8	300	2 400	15.96%	1.34%	42.55%	3.01%	A
b	10	160	1 600	10.64%	1.67%	53.19%	4.68%	A
e	20	60	1 200	7.98%	3.34%	61.17%	8.03%	A
a	30	40	1 200	7.98%	5.02%	69.15%	13.04%	A
l	20	50	1 000	6.65%	3.34%	75.80%	16.39%	B
h	20	50	1 000	6.65%	3.34%	82.45%	19.73%	B
k	60	10	600	3.99%	10.03%	86.44%	29.77%	B
d	50	10	500	3.32%	8.36%	89.76%	38.13%	B
n	80	5	400	2.66%	13.38%	92.42%	51.51%	B
m	50	6	300	1.99%	8.36%	94.41%	59.87%	C
j	60	5	300	1.99%	10.03%	96.41%	69.90%	C
i	100	3	300	1.99%	16.72%	98.40%	86.62%	C
f	80	3	240	1.60%	13.38%	100.00%	100.00%	C
合计	598		15 040	100%	100%			

8.2 解:

(1)老人手机改进设计可从价值工程理论(原理)进行解释。从老年人群消费群体角度来看,年轻人所使用的手机有些功能是不必要的或过剩的,有些功能是缺少的或不足的,因此需要进行功能分析,并根据功能与成本的比较对功能进行评价,提出新的设计方案对手机进行优化设计,适应老年人群体的需求。

(2) 优化设计工作开展过程：

① 组成价值分析团队，包括手机设计专业人员、技术人员、中老年人消费者、市场销售人员、手机成本核算人员（此步之前，也可考虑进行用户需求调查、市场调查等）。

② 分析手机功能，绘制手机功能系统图。

③ 根据中老年用户需求，对功能进行评分，确定功能系数；对各功能或零部件成本进行统计分析，确定各功能或各零件的成本系数；计算价值系数。

④ 根据用户期望价格，确定手机改进的目标成本。

⑤ 进行价值分析与计算，确定改进功能对象和改进目标。

⑥ 提出改进方案，并对改进方案进行评价。

8.3 解：

(1) 计算功能评价系数（表8.7）

表8.7

功能	A	B	C	D	E	得分	功能重要性系数
A	0	2	3	4	4	13	0.325
B	2	0	2	4	4	12	0.300
C	1	2	0	2	3	8	0.200
D	0	0	2	0	3	5	0.125
E	0	0	1	1	0	2	0.050
合计						40	1.000

(2) 编制功能评价表（表8.8）

表8.8

功能	功能评价系数	实际成本	成本系数	价值系数	按功能系数分配实际成本	按功能系数分配目标成本	ΔC_1	ΔC_2	成本改进期望值
A	0.325	210	0.420	0.774	162.5	146.25	−47.5	−16.25	−63.75
B	0.300	100	0.200	1.500	150	135	50	−15	35
C	0.200	110	0.220	0.909	100	90	−10	−10	−20
D	0.125	60	0.120	1.042	62.5	56.25	2.5	−6.25	−3.75
E	0.050	20	0.040	1.250	25	22.5	5	−2.5	2.5
合计	1.000	500	1		500	450	0	−50	−50

（3）根据价值系数,可以判断由于 A、B、E 三个功能的系数远偏离 1,应作为进一步分析的对象。根据功能评价表计算的 ΔC_1 和 ΔC_2,可进一步判断出功能改进和成本改进的对象,基本规则见表 8.9。可见,A 功能是成本改进对象,B 功能是功能改进对象,E 则只要检查其功能是否能得到保证。

表 8.9

ΔC_2 \ ΔC_1		<0	>0
		说明实际成本大于按功能重要性分配的成本	说明实际成本小于按功能重要性分配的成本
绝对值小	说明功能重要性较低（评价系数小,差额就小）	使用者认为不太重要的功能,生产者却花费了高成本,则一般来说可能存在功能过剩或不必要的问题,所以可作为功能改进对象	使用者认为功能重要性较低,生产者花费的成本也不高,所以只要检查是否可满足用户需求即可,一般不再作为进一步改进对象
绝对值大	说明功能重要性较高（评价系数高,差额就大）	尽管使用者认为是重要的功能,但生产者花费了太多成本,则一般可能是实现功能的手段（技术方案等）不佳问题,所以可作为成本改进对象,通过改进设计,实现成本降低	使用者认为是重要的功能,但生产者花费了较低成本,则可能存在功能上未达到用户需求的问题,所以可作为功能改进对象,增加功能生产成本（或投资）,实现满足用户的需求

事实上,也可不必根据 ΔC_1 和 ΔC_2 的值,直接做出判断：A 功能虽是功能系数最高,但按功能分配系数分配的目标成本与实际成本差距较大,可能存在着实现功能的手段不佳问题,则 A 功能可作为成本改进对象；B 功能的功能系数也较高,但按功能系数分配的成本远高于实际成本,则对用户来说 B 功能是重要功能,但却花费了较低的成本,那么 B 功能可能存在着功能不足的问题,应将其作为功能改进对象；E 功能是不重要的功能,且花费的实际成本也很低,只要检查其功能是否能得到保证即可。

8.4 解：

编制功能评价表（表 8.10）。

表 8.10

功能	功能系数	目前成本（元）	成本系数	价值系数	按功能系数分配实际成本	按功能系数分配目标成本	ΔC_1	ΔC_2	成本改进期望值 ΔC
(1)	(2)	(3)	(4)	(5)	(6)	(7)	(8)=(6)−(3)	(9)=(7)−(6)	(10)=(7)−(3)
A	0.2	200	0.308	0.650	130	120	−70	−10	−80
B	0.15	100	0.154	0.975	98	90	−3	−8	−10

续表 8.10

功能	功能系数	目前成本（元）	成本系数	价值系数	按功能系数分配实际成本	按功能系数分配目标成本	ΔC_1	ΔC_2	成本改进期望值 ΔC
C	0.25	160	0.246	1.016	163	150	3	−13	−10
D	0.3	100	0.154	1.950	195	180	95	−15	80
E	0.05	70	0.108	0.464	33	30	−38	−3	−40
F	0.05	20	0.031	1.625	33	30	13	−3	10
合计	1	650	1		650	600	0	−50	−50

(1) 从第(5)栏可看出，A、D、E、F 功能的价值系数偏离 1 较大，应作为价值分析对象。

(2) 从第(8)栏及第(2)栏或第(9)栏可看出，A 功能虽然是比较重要的功能，但花费了最多的成本，说明实现功能的手段不佳，该功能应成为成本改进对象。在保证功能的前提下，通过方案替代，实现成本降低。

(3) 从第(8)栏及第(2)栏或第(9)栏可看出，D 功能是最重要的功能，但为此花费的成本却较少，则该功能可能存在着功能不足，没有达到用户需求的问题，应作为功能改进对象。可增加成本，提高其功能。

(4) 从第(8)栏及第(2)栏或第(9)栏可看出，E 功能是很不重要的功能，但花费了较多的成本，说明该功能存在过剩，甚至是多余的功能，属于功能改进对象，可考虑降低功能，甚至可取消一些功能，实现成本的降低。

(5) 从第(8)栏及第(2)栏或第(9)栏可看出，F 功能是很不重要的功能，实现成本的手段也比较好，只要检查其功能是否能得到保证，可不必进行进一步的价值工程工作。

8.5 解：

(1) 价值工程小组成员由智能系统工程师、物业管理人员或工程师、居民或预购业主或有意向购房者代表、造价估算师等组成，甚至也可包括所在地区的派出所民警等。

(2) ① 确定各功能块的功能重要性系数

按题意，功能比较是按 0～1 强制确定法，则按 0～1 法获得各功能得分及对得分进行修正，计算出功能系数（表 8.11）。

表 8.11

评价对象	A	B	C	D	E	F	得分	修正得分	功能系数
A	×	0	0	1	1	1	3	4	0.190
B	1	×	1	1	1	1	5	6	0.286
C	1	0	×	1	1	1	4	5	0.238
D	0	0	0	×	1	1	2	3	0.143
E	0	0	0	0	×	1	1	2	0.095
F	0	0	0	0	0	×	0	1	0.048
合计							15	21	1

② 计算成本系数、价值系数,确定改进对象(表 8.12)

表 8.12

功能	功能系数	目前投资概算	成本系数	价值系数	按功能系数分配概算投资额	按功能系数分配目标投资额	ΔC_1	ΔC_2	成本改进期望值
(1)	(2)	(3)	(4)	(5)	(6)=(2)×1 000	(7)=(2)×800	(8)=(6)-(3)	(9)=(7)-(6)	(10)=(7)-(3)
A	0.190	100	0.100	1.90	190.48	152.38	90.48	-38.10	52.38
B	0.286	120	0.120	2.38	285.71	228.57	165.71	-57.14	108.57
C	0.238	180	0.180	1.32	238.10	190.48	58.10	-47.62	10.48
D	0.143	300	0.300	0.48	142.86	114.29	-157.14	-28.57	-185.71
E	0.095	200	0.200	0.48	95.24	76.19	-104.76	-19.05	-123.81
F	0.048	100	0.100	0.48	47.62	38.10	-52.38	-9.52	-61.90
合计	1.000	1 000	1.000		1 000.000	800.000	0.000	-200.000	-200.000

从价值系数可以看出,A、B、D、E、F 的价值系数均偏离 1 比较大,但是 F 的功能系数较小,说明是不太重要的功能,因此,把 A、B、D、E 更为列为进一步价值分析的对象。

③ 进行价值分析,确定改进目标

根据表 8.12 计算的 ΔC_1 和 ΔC_2 可以看出,B 是最重要的功能,但所占的成本比重却不高,可能是功能存在不足,应作为功能改进对象,提高其功能水平;A 是比较重要的功能,但分配的成本也不足,也可作为功能改进的对象;D 功能的重要性一般,但分配了最高的成本,说明其对使用者不是太重要的功能,但因过度设计而需要花费较多费用,一般来说存在功能过剩,应作为功能改进对象;E 是个很次要的功能,也分配了较高的成本,同样也应作为功能改进。

对于 D、E 功能,我们可能认为应作为成本改进对象,这好像也说得通。但要注意,区分是功能改进还是成本改进,主要依据价值工程活动中产品设计改进是否会改变原产品或原设计方案的功能强度。D、E 两个功能由于过度设计而引起产品设计功能超过使用者需求,造成成本的大幅增加,需要通过削减功能来减少成本,所以作为功能改进对象。

从改进期望值来看,A、B 应增加一定的成本,提高或改进其功能,满足住户的需要;D、E 则需要削减原设计方案的功能强度,从而大幅度降低成本,才能保证成本改进目标的实现。

(3) 本例采用全寿命周期成本分析是合理的。因为智能化系统本身初始投资并不高,而其运营成本可能会远远超过其初始投资费用,从经济分析角度,应考虑全寿命周期成本。

8.6 **解**:

(1) 编制功能评价表(表 8.13)

表 8.13

涂装线工程部品构成	功能评价系数	概算造价构成/万元	成本系数	价值系数	按功能系数分配实际成本	按功能系数分配目标成本	ΔC_1	ΔC_2	改进期望值
喷胶室	0.021	40	0.020 0	1.050	42	34	2	−8	−6
打磨室	0.111	135	0.067 5	1.644	222	178	87	−44	43
喷漆室	0.181	650	0.325 0	0.557	362	290	−288	−72	−360
烘干室	0.188	630	0.315 0	0.597	376	301	−254	−75	−329
电动升降平台	0.021	130	0.065 0	0.323	42	34	−88	−8	−96
电动平板车	0.207	80	0.040 0	5.175	414	331	334	−83	251
大转盘	0.111	20	0.010 0	11.10	222	178	202	−44	158
空压机、冷干机	0.042	25	0.012 5	3.360	84	67	59	−17	42
10 t 锅炉	0.118	290	0.145 0	0.814	236	189	−54	−47	−101
合计	1	2 000	1		2 000	1 600			−400

(2) 判断价值工程改进对象

据题目,电动平板车、大转盘、空压机和冷干机等部品主要是采购的设备,性价比已经相当高,可排除在进一步价值分析范围之外。而喷漆室、烘干室、10 t 锅炉、打磨室、电动升降平台等价值系数相比较而言,偏离 1 比较大,所以应作为价值工程改进对象。

(3) 成本改进对象

喷漆室、烘干室、10 t 锅炉:功能重要性较大或中等,但花费了很高的成本,说明实现功能的手段可能不佳,可以通过新方案在成本上加以改进。

(4) 功能改进对象

打磨室:功能重要性中等,但花费的成本很低,可能会存在功能上的不足;

电动升降平台:功能重要性很低,但花费了较高的成本,可能会存在功能上的过剩。

9 设备选型与更新分析

学习指导

企业生产经营离不开设备,在一些工业项目建设中,设备的投资额远高于厂房等建筑物的投资。不仅仅是企业,在现代社会其他类型的组织(如医院、学校、政府机构等)的运营都离不开设备。此外,设备在使用过程中还面临着物理磨损及技术进步对设备效率影响等问题,所以组织甚至个人经常会面临的一个决策问题是目前在役的设备(或其他资产,如建筑物)是继续使用、维修后再利用、更新还是退役的选择。尽管这一决策也是一个多方案的选择问题,但是在不同的环境情形下,它们是以不同的形式出现的,因此工程经济问题研究中需要将设备更新作为一个独特的分支问题加以专门分析。

本章的知识要点包括:
(1) 设备磨损形式;
(2) 设备磨损的补偿方式;
(3) 设备的寿命形态;
(4) 设备经济寿命理论;
(5) 设备的资金恢复费用概念及计算;
(6) 设备经济寿命的确定方法;
(7) 设备选型和添置方式的经济比较;
(8) 设备更新理论;
(9) 不同情形下的设备更新经济分析与决策;
(10) 设备磨损不同补偿方式的经济比较。

其中,重点是设备的经济寿命理论及计算、设备选型与添置方式的比较及不同情形下的设备更新决策,难点是考虑资金时间价值时的经济寿命计算、所得税对设备添置方式的影响及设备更新或其他方式的补偿时机的确定。本章学习中,在役设备(旧设备)更新分析时要特别注意以下几点:①通常以资产市场公允价值或其机会成本赋予价值,即作为旧设备的投资额。但是,若将这一价值从与其竞争的新设备投资中直接扣减,也是不恰当的处理方式,除非保证新旧设备的使用寿命肯定是相同的;②避免将沉没成本计入现金流量中;③为了与新设备竞争,旧设备功能的恢复或升级需要投入的额外费用也应计入到旧设备的投资中。

 习 题

9.1 某工厂新安装一台新设备,购置费用为 10 000 元,估计可用 10 年,各年的年度使用费及年末残值见表 9.1,$i_c = 10\%$,试在考虑资金时间价值和不考虑资金时间价值的两种情况下,计算设备的经济寿命。

表 9.1

年末	1	2	3	4	5	6	7	8	9	10
年度使用费	1 200	1 350	1 500	1 700	1 950	2 250	2 600	3 000	3 500	4 000
估计残值	7 000	5 000	3 500	2 000	1 000	800	600	400	200	100

9.2 某单位新购一台试验设备,购置费为 10 000 元,第 1 年的使用费为 2 000 元,以后每年增加 1 000 元,残值 2 000 元每年相等,试确定该设备的经济寿命。

9.3 某旧机器,现在残值为 2 000 元,下一年年度使用费为 1 000 元,利率 $i = 10\%$。

(1) 以后每年年度使用费增加 200 元,任何时候都不计残值,确定计利息和不计利息两种情况下的设备经济寿命。

(2) 以后年度的残值不变,年使用费也不变,旧设备的经济寿命是几年?

(3) 以后年度的残值不变,年度使用费每年增加 200 元,计算设备的经济寿命。

9.4 某设备原始费用(包括原价、运输费及安装费等)为 $a (a > 1)$。若设备持续使用时间为 x,则设备使用到 x 时间的使用费(包括运行费用和维护费用)

$$b(x) = k + \frac{2(a-1)}{k}x \quad (k \text{ 为常量}, k > 0)$$

设备使用到 x 时间的残值为 $c(x)$,不考虑资金时间价值。

(1) 当 x 为连续变量且 $c(x) = w(w$ 为常量,$w \in [0, a))$ 时,推证该设备的经济寿命

$$N_{opt} = \sqrt{\frac{k(a-w)}{a-1}}$$

(2) 当 x 为离散变量(即以年为单位,以自然数计数)且 $c(x) = a$ 时,则该设备的经济寿命为几年? 为什么?

9.5 某企业增加生产能力,需要添置一台设备。现有两种方案可供选择:一种是用自有资金购置,设备价格为 60 000 元,经济寿命为 10 年(折旧期也为10年,年限平均法计提折旧),10 年后无残值,使用该设备每年可获利(税前利润) 10 000 元,所得税税率为 25%。另一种是融资租赁,每年年末支付租金 11 000 元(其中利息为 4 000 元)。设备价格、租期、折旧以外成本、销售收入与所得税税率均相同。该企业基准收益率为 10%,试比较两方案的优劣。

9.6 某厂 5 年前花 27 000 元安装了一套输送设备系统,估计系统的使用寿命为 20 年,年度使用费为 1 350 元。由于输送零件的零件数增加了一倍,现在有两种方案可供选择。

方案 A:保留原输送设备系统再花 22 000 元安装一套输送能力、使用寿命、年度费用等和原系统完全相同的输送设备系统。

方案 B:花 31 000 元安装一套输送能力增加一倍的系统。其年度使用费为 2 500 元,使用寿命为 20 年。安装此系统后,原系统可以 6 500 元转让。

三种系统使用寿命期末的残值均为原始费用的 10%,$i_c = 12\%$。选择研究期为 15 年(完全承认设备未使用价值),试比较 A、B 两种方案。

9.7 某工厂在 13 年前用 6 300 元购买了一台车床,用来制造管子套头,每副需要 0.047 6 工时。现在出现了一种新的车床,原始费用为 15 000 元,用来制造这种套头每副只需 0.038 4 工时。假定该工厂每年准备生产套头 4 万副,新旧车床的运行费每小时均为 8.5 元。现将旧车床出售,可得 1 200 元。旧车床还可使用 2 年,2 年年末的残值为 250 元。新车床估计可使用 10 年,残值为原始费用的 10%。基准收益率为 12%。试确定是继续使用旧车床,还是更换为新车床?

9.8 某医院正在考虑其人工肾机器的更新,这种机器是在 4 年前花 35 000 元购置的。假如将现有机器保留使用 1 年、2 年、3 年,其年度使用费分别为 25 000 元、27 000 元、29 000 元。机器的残值为 9 000 元,每保留使用 1 年贬值 2 000 元。当前,新的人工肾机器的购置费为 42 000 元,年度使用费固定为 19 000 元,经济寿命为 5 年,5 年末的残值估计为 10 000 元,$i_c = 12\%$,旧机器是否应该更换?如果应更换,以何时更换最经济?

9.9 某施工企业现有一台已使用了 2 年的起重机,当初购置费为 65 万元,该设备还可继续使用 4 年。现在也可以以 40 万元的价格将旧起重机转让,然后购买一台新的同样起重量的起重机,价格为 60 万元。新旧起重机的年度运营维护费用和各年末的市场价值见表 9.2。假设该企业的投资基准收益率为 10%。

表9.2　　　　　　　　　　　　　　　　　　　单位:元

年份	旧起重机		新起重机	
	年末市场价值	本年度使用费	年末市场价值	本年度使用费
1	310 000	180 000	420 000	135 000
2	220 000	200 000	320 000	150 000
3	90 000	250 000	240 000	170 000
4	10 000	310 000	160 000	200 000
5			80 000	260 000
6			10 000	310 000

（1）在考虑资金时间价值的情况下，计算新起重机的经济寿命。

（2）分析是否需要更新旧起重机，如果需要更新，确定何时进行更新最经济。

9.10 某市太平北路上有一座钢结构天桥需要进行加固或更新。若进行加固，加固费用为200 000元，加固后可继续使用5年，每年维护费用40 000元，服役期满后市场价值（拆下的旧钢材销售收入扣除拆除成本后的净值）为120 000元。若进行更新，需拆掉现有钢天桥，市场价值为100 000元。旧天桥拆除后，可建造一座钢筋混凝土天桥，造价估计700 000元，年维护费用20 000元，可使用30年，期末没有市场价值。假设基准收益率为10%。

（1）该天桥是应加固还是应该更新？

（2）假设估计5年后，随着城市改造和景观建设要求，该天桥将会拆除而改为地下通道，在这种情况下，该天桥是加固还是更新？

（3）若假设旧桥无需加固仍可使用5年，但维护费用逐年增加，今年的维护费为60 000元，以后每年维护费比前一年增加20 000元，每年年末退出使用时的市场价值均为100 000元，则是否需要更新？如果需要更新，什么时候更新最有利？

9.11 设备系统的故障成本是设备全寿命周期成本的一部分。Patek设计公司正在进行金峰大厦工程的中央空调通风系统设备选型，该系统的全寿命周期成本可简单地表达为系统故障率的一个函数：

$$C = \frac{C_I}{\lambda} + C_R \cdot \lambda \cdot t + C_M \cdot t$$

式中，λ——系统故障率（故障数/系统运行时数）；

C_I/λ——设备投资成本，它与λ成反比例，即若要降低故障率，则需要增加投资以选择可靠性更高的设备型号；

C_R——系统维修成本（元/次）；

t——系统运行时数；

C_M——单位时间其他运行成本。

（1）假设 C_I、C_R、C_M 和 t 均为常数，则证明最经济的设备选型应是选择故障率为 $\lambda_{opt} = \sqrt{\dfrac{C_I}{C_R \cdot t}}$ 的设备型号。

（2）试用图形或文字，或者您认为合适的其他方式，解释这种设备选型方法的经济分析权衡思路。

9.12 某公司为一条生产线选择某设备一台，有 A、B 两个型号可选择，它们生产产品的质量和数量相同，使用期 5 年，公司的投资基准收益率为 10%。A、B 两型号设备购置及安装费用分别为 P_a、P_b，残值分别为 S_a、S_b。试证明：只有当 $P_b < P_a + 0.620\ 9(S_b - S_a)$ 时，选择 B 型号才是经济的。

9.13 某设备可继续使用 3 年，其目前价值为 7 000 元，各年使用费和残值见表 9.3。如果立即将该设备大修，可使用 7 年，大修理费用为 16 000 元，若延期 1 年大修，大修理费用将增加 2 400 元，若延期 2 年，大修理费将增加 5 000 元。基准收益率为 15%，试根据下面的条件决定大修理的方案：(1)设备只需要再使用 2 年；(2)设备需要再使用 3 年；(3)设备需要再使用 5 年；(4)设备需要再使用 7 年。

表 9.3　　　　　　　　　　　　　　　　　　　　　　单位：元

继续使用年数	继续使用原设备		设备大修理	
	年使用费	年末残值	年使用费	年末残值
1	3 000	5 000	500	20 000
2	4 000	3 000	800	17 900
3	6 000	2 000	1 200	15 200
4			1 600	12 500
5			2 200	9 500
6			3 000	6 000
7			4 000	2 000

习题解析

9.1　解：

（1）不考虑资金时间价值的设备经济寿命计算（表 9.4）

表 9.4

使用年限	年度使用费	年末使用费之和	年平均使用费	年末的估计残值	年末退出使用的资金恢复费用	该年限内的年平均费用
1	1 200	1 200	1 200	7 000	3 000	4 200
2	1 350	2 550	1 275	5 000	2 500	3 775
3	1 500	4 050	1 350	3 500	2 167	3 517
4	1 700	5 750	1 438	2 000	2 000	3 438
5	1 950	7 700	1 540	1 000	1 800	3 340
6	2 250	9 950	1 658	800	1 533	3 192
7	2 600	12 550	1 793	600	1 343	3 136
8	3 000	15 550	1 944	400	1 200	3 144
9	3 500	19 050	2 117	200	1 089	3 206
10	4 000	23 050	2 305	100	990	3 295

根据表 9.4 的数据可绘制设备的费用曲线图(图 9.1)。从表 9.4 及图 9.1 中可看出,设备使用到第 7 年的年平均费用最小,所以不考虑资金时间价值的设备经济寿命为 7 年。

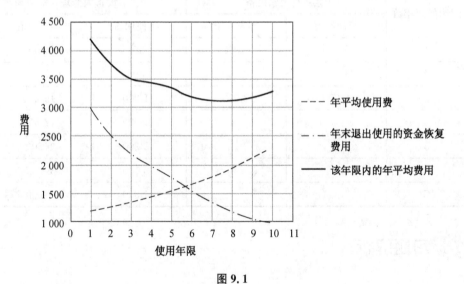

图 9.1

(2) 考虑资金时间价值的设备经济寿命计算(表 9.5)

表 9.5

使用年限	各年末使用费	各年现值系数	各年末使用费现值	累计现值之和	资金恢复费用系数	年平均使用费	年末的估计残值	年末退出使用的资金恢复费用	年度平均费用
1	1 200	0.909 1	1 091	1 091	1.100 0	1 200	7 000	4 000	5 200
2	1 350	0.826 4	1 116	2 207	0.576 2	1 271	5 000	3 381	4 652
3	1 500	0.751 3	1 127	3 334	0.402 1	1 340	3 500	2 964	4 304
4	1 700	0.683 0	1 161	4 495	0.315 5	1 418	2 000	2 724	4 142
5	1 950	0.620 9	1 211	5 706	0.263 8	1 505	1 000	2 474	3 979
6	2 250	0.564 5	1 270	6 976	0.229 6	1 602	800	2 192	3 794
7	2 600	0.513 2	1 334	8 310	0.205 5	1 707	600	1 991	3 698
8	3 000	0.466 5	1 400	9 709	0.187 4	1 820	400	1 839	3 659
9	3 500	0.424 1	1 484	11 194	0.173 6	1 944	200	1 722	3 665
10	4 000	0.385 5	1 542	12 736	0.162 7	2 073	100	1 621	3 694

根据表 9.5 的数据可绘制设备的费用曲线图(图 9.2)。从表 9.5 及图 9.2 中可看出,设备使用到第 8 年的年平均费用最小,所以考虑资金时间价值的设备经济寿命为 8 年。

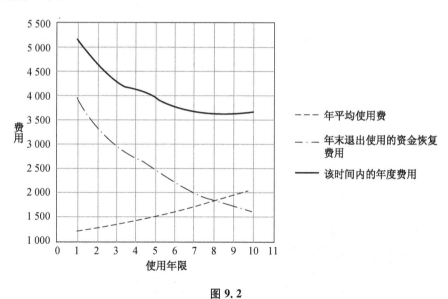

图 9.2

尽管不考虑资金时间价值和考虑资金时间价值的设备经济寿命分别为 7 年和

8年,有1年的差异。但是,从表及图中可看出,无论采用哪种方法计算,设备使用到7年或8年的年费用相差并不大,也可以说实际的经济寿命介于7到8年之间。所以,实践中更多采用静态计算方法,确定设备经济寿命。

设备经济寿命计算也可从另外一个角度来看,即将设备使用到任何一年退出使用看做一个方案,如本题中,一共可获得10个寿命不等的方案(如图9.3所示),而经济寿命的计算就是从这一组10个方案中,选择一个最经济的方案。由于寿命不等,可直接计算年费用进行比较,年费用最小方案的使用年限即为设备的经济寿命。

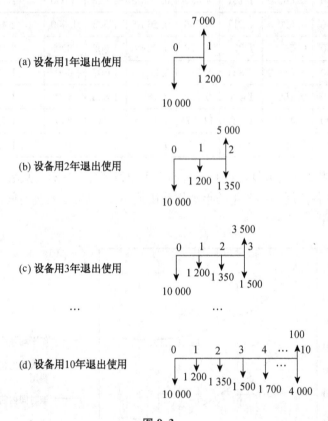

图 9.3

以使用3年退出使用为例,
不考虑资金时间价值的年费用为

$$\frac{10\,000+1\,200+1\,350+1\,500-3\,500}{3}=3\,517$$

考虑资金时间价值的年费用为

$$[10\ 000+1\ 200(P/F,10\%,1)+1\ 350(P/F,10\%,2)+$$
$$1\ 500(P/F,10\%,3)](A/P,10\%,3)-3\ 500(A/F,10\%,3)$$
$$=4\ 304$$

按此方法,计算出10种情况下的年费用比较即可。

9.2 **解:**

(1) 第一种方法:用公式法计算

该设备经济寿命为

$$N_{\text{opt}}=\sqrt{\frac{2\times(10\ 000-2\ 000)}{1\ 000}}=4$$

(2) 第二种方法:列表计算(表9.6)

表9.6 单位:元

使用年限	年度使用费	年末使用费之和	年平均使用费	年末的估计残值	年末退出使用的资金恢复费用	该年限内的年平均费用
1	2 000	2 000	2 000	2 000	8 000	10 000
2	3 000	5 000	2 500	2 000	4 000	6 500
3	4 000	9 000	3 000	2 000	2 667	5 667
4	5 000	14 000	3 500	2 000	2 000	5 500
5	6 000	20 000	4 000	2 000	1 600	5 600
6	7 000	27 000	4 500	2 000	1 333	5 833

(3) 第三种方法:画现金流量图,直接算平均年费用(同9.1题),结果同表9.6。

9.3 **解:**

(1) 不计息的情况下经济寿命(静态经济寿命)计算如表9.7。

表9.7 单位:元

使用年限	年度使用费	年末使用费之和	年平均使用费	年末的估计残值	年末退出使用的资金恢复费用	该年限内的年平均费用
1	1 000	1 000	1 000	0	2 000	3 000
2	1 200	2 200	1 100	0	1 000	2 100
3	1 400	3 600	1 200	0	667	1 867
4	1 600	5 200	1 300	0	500	1 800
5	1 800	7 000	1 400	0	400	1 800

续表 9.7

使用年限	年度使用费	年末使用费之和	年平均使用费	年末的估计残值	年末退出使用的资金恢复费用	该年限内的年平均费用
6	2 000	9 000	1 500	0	333	1 833
7	2 200	11 200	1 600	0	286	1 886
8	2 400	13 600	1 700	0	250	1 950
9	2 600	16 200	1 800	0	222	2 022
10	2 800	19 000	1 900	0	200	2 100

由于设备的劣化值(年度使用费增量)相等,且使用到任何一年末的残值也相等(残值均为0),静态经济寿命也采用公式法计算:

$$N_{opt} = \sqrt{\frac{2 \times (2\,000 - 0)}{200}} = 4.5$$

计息的情况下经济寿命(动态经济寿命)计算如表 9.8。

表 9.8　　　　　　　　　　　　　　　　　　　　　　　　　单位:元

使用年限	各年末使用费	各年末现值系数	各年末使用费现值	累计现值之和	资金恢复费用系数	年平均使用费	年末的估计残值	年末退出使用的资金恢复费用	年度平均费用
1	1 000	0.909 1	909	909	1.100 0	1 000	0	2 200	3 200
2	1 200	0.826 4	992	1 901	0.576 2	1 095	0	1 152	2 248
3	1 400	0.751 3	1 052	2 953	0.402 1	1 187	0	804	1 992
4	1 600	0.683 0	1 093	4 045	0.315 5	1 276	0	631	1 907
5	1 800	0.620 9	1 118	5 163	0.263 8	1 362	0	528	1 890
6	2 000	0.564 5	1 129	6 292	0.229 6	1 445	0	459	1 904
7	2 200	0.513 2	1 129	7 421	0.205 4	1 524	0	411	1 935
8	2 400	0.466 5	1 120	8 541	0.187 4	1 601	0	375	1 976
9	2 600	0.424 1	1 103	9 643	0.173 6	1 674	0	347	2 022
10	2 800	0.385 5	1 080	10 723	0.162 7	1 745	0	325	2 071

(2) 可以认为经济寿命为无穷,即设备不管用到哪年都是经济的,可以一直使用下去。因为设备残值不变,年费用也不变。假设用到 N 年退出使用,则

$$AC_N = \frac{2\,000 - 2\,000}{N} + \frac{1\,000 \times N}{N} = 1\,000$$

也可用表格计算(表9.9)或绘制经济寿命图(图9.4)获得这一结论。

表9.9 单位:元

使用年限	年度使用费	年末使用费之和	年平均使用费	年末的估计残值	年末退出使用的资金恢复费用	该年限内的年平均费用
1	1 000	1 000	1 000	2 000	0	1 000
2	1 000	2 000	1 000	2 000	0	1 000
3	1 000	3 000	1 000	2 000	0	1 000
4	1 000	4 000	1 000	2 000	0	1 000
5	1 000	5 000	1 000	2 000	0	1 000
6	1 000	6 000	1 000	2 000	0	1 000
7	1 000	7 000	1 000	2 000	0	1 000
8	1 000	8 000	1 000	2 000	0	1 000
9	1 000	9 000	1 000	2 000	0	1 000
10	1 000	10 000	1 000	2 000	0	1 000

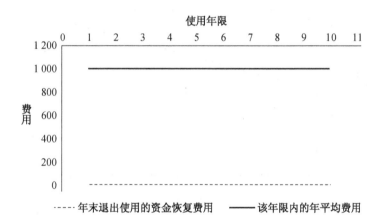

图9.4

(3) 经济寿命为1年。

假设用到 N 年退出使用,则

$$AC_N = \frac{2\,000 - 2\,000}{N} + \frac{1\,000 \times N + \frac{N(N-1)}{2} \times 200}{N} = 100N + 900$$

显然,随着 N 的增大,AC_N 越来越大,用1年是最经济的。

同样可以通过列表计算(表9.10)或绘制经济寿命图(图9.5)获得结论。

表 9.10　　　　　　　　　　　　　　　　　　　　　　　　单位:元

使用年限	年度使用费	年末使用费之和	年平均使用费	年末的估计残值	年末退出使用的资金恢复费用	该年限内的年平均费用
1	1 000	1 000	1 000	2 000	0	1 000
2	1 200	2 200	1 100	2 000	0	1 100
3	1 400	3 600	1 200	2 000	0	1 200
4	1 600	5 200	1 300	2 000	0	1 300
5	1 800	7 000	1 400	2 000	0	1 400
6	2 000	9 000	1 500	2 000	0	1 500
7	2 200	11 200	1 600	2 000	0	1 600
8	2 400	13 600	1 700	2 000	0	1 700
9	2 600	16 200	1 800	2 000	0	1 800
10	2 800	19 000	1 900	2 000	0	1 900

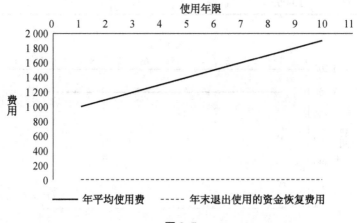

图 9.5

9.4　解:

(1) 因 x 为连续变量,则设备使用到 x 时间的单位时间平均费用为

$$AC(x) = \frac{a-w}{x} + \frac{1}{x}\int_0^x \left[k + \frac{2(a-1)}{k}t\right]dt$$

$$= \frac{a-w}{x} + \frac{1}{x}\left[\int_0^x k\,dt + \int_0^x \frac{2(a-1)}{k}t\,dt\right] = \frac{a-w}{x} + \frac{1}{x}\left(kx + \frac{a-1}{k}x^2\right)$$

$$= \frac{a-w}{x} + k + \frac{a-1}{k}x$$

根据设备经济寿命的定义,求 $AC(x)$ 的极小值。

令 $\dfrac{\mathrm{d}AC(x)}{\mathrm{d}x}=0$,则有 $-\dfrac{a-w}{x^2}+\dfrac{a-1}{k}=0$,

则得 $x=\sqrt{\dfrac{k(a-w)}{a-1}}$。

根据设备经济寿命的定义,则上式所计算出的 x 即为设备经济寿命,所以

$$N_{opt}=\sqrt{\dfrac{k(a-w)}{a-1}}$$

(2) 经济寿命为 1 年。

第一种解法:

因为根据设备经济寿命的定义,它为资产恢复费用和年均使用费用之和的最小年份。由于残值等于初始费用,那么资产恢复费用为 0,而年均使用费用逐年增大,显然,用 1 年是最经济的。

第二种解法:

x 为自然数的离散变量,则年平均费用为

$$\begin{aligned}AC(x)&=\dfrac{a-c(x)}{x}+\dfrac{1}{x}\sum_{t=1}^{x}\left[k+\dfrac{2(a-1)}{k}t\right]\\&=\dfrac{a-a}{x}+\dfrac{1}{x}\sum_{t=1}^{x}k+\dfrac{2(a-1)}{k}\times\dfrac{1}{x}\sum_{t=1}^{x}t\\&=k+\dfrac{a-1}{k}(x+1)\end{aligned}$$

因 $a>1$,$k>0$,x 为自然数,可判断出 $x=1$,即使用 1 年是最经济的。或者绘制如图 9.6 所示的经济寿命图,也可做出判断。

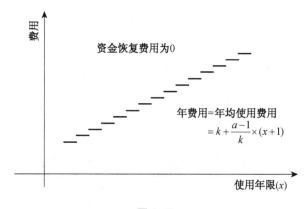

图 9.6

第三种解法:列表分析(表9.11)

表 9.11

使用年限	资金恢复费用	年使用费	年平均使用费	年平均费用
1	0	$k+2(a-1)/k$	$k+2(a-1)/k$	$k+2(a-1)/k$
2	0	$k+4(a-1)/k$	$k+3(a-1)/k$	$k+3(a-1)/k$
3	0	$k+6(a-1)/k$	$k+4(a-1)/k$	$k+4(a-1)/k$
…	…	…	…	…
X	0	$k+2x(a-1)/k$	$k+(x+1)(a-1)/k$	$k+(x+1)(a-1)/k$

因 $a>1$,$k>0$,x 为自然数,显然用 1 年最经济。

9.5 解:

(1) 采用购置方案

年折旧 $= 60\,000 \div 10 = 6\,000$(元)

税后利润 $= 10\,000 \times (1-25\%) = 7\,500$(元)

投入使用后年净现金流量 $= 7\,500 + 6\,000 = 13\,500$(元)

净现值 $= -60\,000 + 13\,500(P/A,10\%,10) = 22\,952$(元)

(2) 采用租赁方案

折旧同购置方案

税前利润 $= 10\,000 - 4\,000 = 6\,000$(元)

税后利润 $= 6\,000 \times (1-25\%) = 4\,500$(元)

投入使用后年净现金流量 $= 4\,500 + 6\,000 - (11\,000 - 4\,000)$
$= 3\,500$(元)

净现值 $= 3\,500 \times (P/A,10\%,10) = 21\,506$(元)

(3) 比较两方案

通过计算,购置方案净现值高于租赁方案净现值,因此可以认为购置方案优于租赁方案。

9.6 解:

设备更新中应特别注意的一个问题是,如果选择新设备,旧设备处理的价值(当前残值)是作为新设备的现金流量要素,还是作为旧设备的现金流量要素?设备更新的一个基本原则是,基于第三方角度,假设企业并没有这类设备,设备更新的分析实际上是比较企业用旧设备当前残值购置旧设备还是购置一个新的设备。

因此,此题可假设企业并没有该生产系统,为满足目标的输送能力要求,可在2个方案中选择。A方案就是花6 500元购置旧系统一套及花22 000元购置安装新的同类型一套;或者采用B方案,花31 000元购置传输能力满足目标需求的新型系统一套。A、B方案的现金流量分别如图9.7(a)、(b)所示。

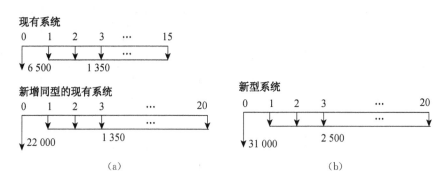

图9.7

选取研究期15年,完全考虑设备的未使用价值,则

$PC_A = [6\,500 + 1\,350(P/A, 12\%, 15)] + [22\,000(A/P, 12\%, 20)$
$(P/A, 12\%, 15) + 1\,350(P/A, 12\%, 15)]$
$= 44\,248$

$PC_B = 31\,000(A/P, 12\%, 20)(P/A, 12\%, 15) + 2\,500(P/A, 12\%, 15)$
$= 45\,001$

由于 $PC_A < PC_B$,显然选择A方案更为经济。

9.7 解:

(1)计算出年新旧机床的年运行费用(表9.12)

表9.12

	旧车床	新机床
每副套头工时	0.047 6	0.038 4
年套头加工量(副)	40 000	40 000
运行费(元/小时)	8.5	8.5
年运行费用(元)	16 184	13 056

(2)确定新旧机床的现金流量(表9.13)

表 9.13 单位:元

年末	旧车床				新车床			
	原始费用	年使用费	残值	合计现金流量	原始费用	年使用费	残值	合计现金流量
0	1 200			1 200	15 000			15 000
1		16 184		16 184		13 056		13 056
2		16 184	−250	15 934		13 056		13 056
3						13 056		13 056
4						13 056		13 056
5						13 056		13 056
6						13 056		13 056
7						13 056		13 056
8						13 056		13 056
9						13 056		13 056
10						13 056	−1 500	11 556
费用现值	28 352				88 286			
年费用	16 776				15 625			

(3) 计算年费用,进行比较决策

由于新旧机床使用寿命并不相等,可计算年费用进行比较(表 9.13)。由于旧机床年费用 16 776 元高于新机床 15 625 元,所以应该更换为新机床。

9.8 解:

(1) 旧机器使用 3 年的现金流量图如图 9.8(a)所示,新机器使用 5 年的现金流量如图 9.8(b)所示。

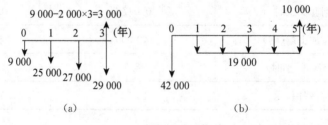

图 9.8

$$AC_{\text{old}}^{(3)} = [9\,000 + 25\,000(P/F, 12\%, 1) + 27\,000(P/F, 12\%, 2)$$
$$+ (29\,000 - 3\,000)(P/F, 12\%, 3)](A/P, 12\%, 3)$$
$$= 29\,707$$
$$AC_{\text{new}}^{(5)} = 42\,000(A/P, 12\%, 5) + 19\,000 - 10\,000(A/F, 12\%, 5)$$
$$= 29\,077$$

由于 $AC_{\text{old}}^{(3)} = 29\,707 > AC_{\text{new}}^{(5)} = 29\,077$，所以旧机器应更换。

(2) 在(1)中之所以确定应以新机器更换旧机器，是因为旧机器保留使用 3 年年费用高于新机器年费用。但是，并不能因此断定旧机器保留使用 1 年的年费用高于新机器使用 5 年的年费用，所以不能确定是否应该马上更新。为此，可计算旧机器保留使用到第 1 年年末的年费用，现金流量图如图 9.9(b)所示。

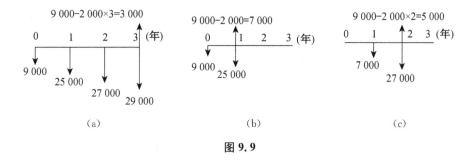

图 9.9

可计算出旧机器保留使用到第 1 年年末的年费用

$$AC_{\text{old}}^{(1)} = 90\,000(F/P, 12\%, 1) + (25\,000 - 7\,000) = 28\,080$$

由于 $AC_{\text{old}}^{(1)} = 28\,080 < AC_{\text{new}}^{(5)} = 29\,077$，所以旧机器保留使用到第 1 年年末比马上更新为新机器更为合算，旧机器可以再继续保留使用 1 年。

接着，需要考虑旧机器再保留使用到第 2 年年末，是否比在第 2 年年初就更新为新机器更为合算呢？假设医院在第 2 年年初并没有人工肾机器，在第 2 年年初考虑两个方案的比较：一个方案是花 7 000 元买一台旧机器使用 1 年(图 9.9(c))，另一个方案是花 42 000 元购置一台新机器使用 5 年(图 9.8(b))。

计算出旧机器再保留使用到第 2 年的年费用

$$AC_{\text{old}}^{(2)} = 7\,000(F/P, 12\%, 1) + (27\,000 - 5\,000) = 29\,840$$

由于 $AC_{\text{old}}^{(2)} = 29\,840 > AC_{\text{new}}^{(5)} = 29\,077$，即旧机器保留使用到第 2 年年末当年的年费用高于在第 2 年年初更新为新机器的年费用，所以旧机器保留使用到第 2 年年末不合算，因此得到的结论是，旧机器应该更换，并在保留使用 1 年后更换为新机器是最经济的。

9.9 解：

(1) 计算新起重机的经济寿命

考虑资金时间价值，经济寿命计算见表 9.14。第 4 年年度费用最低，新起重机经济寿命为 4 年。

表 9.14　　　　　　　　　　　　　　　　　　　　　　　　单位：元

年末	各年末使用费	各年现值系数	各年末使用费现值	累计现值之和	资金恢复费用系数	年平均使用费	年末的估计残值	年末退出使用的资金恢复费用	该时间内的年度费用
1	135 000	0.909 1	122 727	122 727	1.100 0	135 000	420 000	240 000	375 000
2	150 000	0.826 4	123 967	246 694	0.576 2	142 143	320 000	193 333	335 476
3	170 000	0.751 3	127 724	374 418	0.402 1	150 559	240 000	168 761	319 320
4	200 000	0.683 0	136 603	511 020	0.315 5	161 212	160 000	154 807	316 019
5	260 000	0.620 9	161 440	672 460	0.263 8	177 393	80 000	145 175	322 568
6	310 000	0.564 5	174 987	847 447	0.229 6	194 580	10 000	136 468	331 048

(2) 计算旧起重机再使用 4 年的年费用为

$$AC_{\text{old}}^{(4)} = (400\,000 - 10\,000)(A/P, 10\%, 4) + 10\,000 \times 10\%$$
$$+ [180\,000(P/F, 10\%, 1) + 200\,000(P/F, 10\%, 2) +$$
$$+ 250\,000(P/F, 10\%, 3) + 310\,000(P/F, 10\%, 4)](A/P, 10\%, 4)$$
$$= 353\,850$$

从表 9.14 的计算可以看出，新起重机 4 年经济寿命期的年费用为

$$AC_{\text{new}}^{(4)} = 316\,019$$

由于 $AC_{\text{new}}^{(4)} < AC_{\text{old}}^{(4)}$，所以应更新旧起重机。

如果旧起重机再使用 1 年，年费用为

$$AC_{\text{old}}^{(1)} = (400\,000 - 310\,000)(A/P, 10\%, 1) + 310\,000 \times 10\% + 180\,000$$
$$= 310\,000$$

由于 $AC_{\text{old}}^{(1)} < AC_{\text{new}}^{(4)} = 316\,019$，因此旧起重机可继续使用 1 年。

若第 2 年继续使用旧起重机，年费用为

$$AC_{\text{old}}^{(2)} = (310\,000 - 220\,000)(A/P, 10\%, 1) + 220\,000 \times 10\% + 200\,000$$
$$= 321\,000$$

由于 $AC_{\text{old}}^{(2)} > AC_{\text{new}}^{(4)} = 316\,019$，因此旧起重机再继续用到第 2 年并不经济。

因此,旧起重机再使用1年后更新。

9.10 解:

(1) 加固方案的现金流量图如图9.10所示。

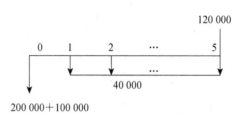

图 9.10

则加固方案的年费用为

$AC_{JG} = (200\,000 + 100\,000)(A/P, 10\%, 5) - 120\,000(A/F, 10\%, 5) + 40\,000$
$= 99\,484(元)$

更新方案的现金流量图如图9.11所示。

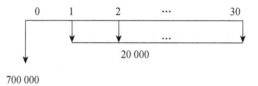

图 9.11

则更新方案的年费用为

$$AC_{GX} = 700\,000(A/P, 10\%, 30) + 20\,000 = 94\,255(元)$$

由于 $AC_{GX} = 94\,255 < AC_{JG} = 99\,484$,显然选择更新。

(2) 若5年后天桥可能拆除,则计算出采用更新方案的5年的年费用

$$AC_{GX}^{(5)} = 700\,000(A/P, 10\%, 5) + 20\,000 = 204\,658(元)$$

由于 $AC_{GX}^{(5)} = 204\,658 > AC_{JG} = 99\,484$,应选择加固方案。

(3) 旧桥方案现金流量图如图9.12所示。

继续使用旧桥的年费用为

$AC_{JQ} = (100\,000 - 100\,000)(A/P, 10\%, 5) + 100\,000 \times 10\%$
$\quad\quad + 60\,000 + 20\,000(A/G, 10\%, 5)$
$= 106\,204$

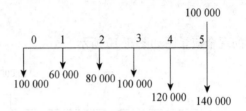

图 9.12

与(1)中 $AC_{GX} = 94\ 255$ 比较,显然需要更新。

如果旧桥再使用 1 年,当年年费用为

$$AC_{JQ}^{(1)} = 100\ 000(1 + 10\%) - 100\ 000 + 60\ 000 = 70\ 000$$

与(1)中 $AC_{GX} = 94\ 255$ 比较,显然再使用 1 年更经济。

如果旧桥继续使用到第 2 年,当年年费用为

$$AC_{JQ}^{(2)} = 100\ 000(1 + 10\%) - 100\ 000 + 80\ 000 = 90\ 000$$

与(1)中 $AC_{GX} = 94\ 255$ 比较,显然应再使用 2 年更经济。

如果旧桥继续使用到第 3 年,当年年费用为

$$AC_{JQ}^{(3)} = 100\ 000(1 + 10\%) - 100\ 000 + 100\ 000 = 110\ 000$$

与(1)中 $AC_{GX} = 94\ 255$ 比较,显然用到第 3 年并不经济。

因此,旧桥应使用到第 2 年年末更新是最有利的。

9.11 解:

(1) 对函数 $C = \dfrac{C_I}{\lambda} + C_R \cdot \lambda \cdot t + C_M \cdot t$ 求导,并求极值

因 C_I、C_R、C_M 和 t 均为常数,

所以,$\dfrac{dC}{d\lambda} = -\dfrac{C_I}{\lambda^2} + C_R t = 0$

则可得到最经济的设备选型应是故障率为 $\lambda_{opt} = \sqrt{\dfrac{C_I}{C_R \cdot t}}$ 的设备型号。

(2) 该设备选型方法的权衡思路是:

选择低故障率的设备,设备投资会增加,但减少了设备故障维修成本;反之,亦然(如图 9.13)。

最经济选型是在设备投资与系统维修成本之间进行权衡。

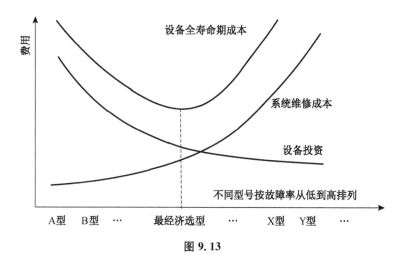

图 9.13

9.12 解：

解法一：

按资金恢复公式,两方案的年费用为

$AC_A = (P_a - S_a)(A/P, 10\%, 5) + 10\% S_a = 0.2638 P_a - 0.1638 S_a$

$AC_B = (P_b - S_b)(A/P, 10\%, 5) + 10\% S_b = 0.2638 P_b - 0.1638 S_b$

选择 B 型号经济,则只有当 $AC_B < AC_A$ 时,即

$$0.2638 P_b - 0.1638 S_b < 0.2638 P_a - 0.1638 S_a$$

则 $P_b < P_a + 0.6209(S_b - S_a)$

得证。

解法二：

计算两方案的费用现值

$$PC_A = P_a - S_a(P/F, 10\%, 5) = P_a - 0.6209 S_a$$
$$PC_B = P_b - S_b(P/F, 10\%, 5) = P_b - 0.6209 S_b$$

选择 B 型号经济,则只有当 $PC_B < PC_A$ 时,即

$$P_b - 0.6209 S_b < P_a - 0.6209 S_a$$

则 $P_b < P_a + 0.6209(S_b - S_a)$

得证。

9.13 解：

先分别计算出继续使用原设备的年费用(表 9.15)和设备大修理方案的年费用(表 9.16)。

表 9.15 单位:元

年末	各年末使用费	各年现值系数	各年末使用费现值	累计现值之和	资金恢复费用系数	年平均使用费	年末的估计残值	年末退出使用的资金恢复费用	该时间内年度费用
1	3 000	0.869 6	2 609	2 609	1.150 0	3 000	5 000	3 050	6 050
2	4 000	0.756 1	3 025	5 633	0.615 1	3 465	3 000	2 910	6 376
3	6 000	0.657 5	3 945	9 578	0.438 0	4 195	2 000	2 490	6 685

表 9.16 单位:元

年末	各年末使用费	各年现值系数	各年末使用费现值	累计现值之和	资金恢复费用系数	年平均使用费	年末的估计残值	年末退出使用的资金恢复费用	该时间内年度费用
1	500	0.869 6	435	435	1.150 0	500	20 000	6 450	6 950
2	800	0.756 1	605	1 040	0.615 1	640	17 900	5 822	6 462
3	1 200	0.657 5	789	1 829	0.438 0	801	15 200	5 696	6 497
4	1 600	0.571 8	915	2 744	0.350 3	961	12 500	5 553	6 514
5	2 200	0.497 2	1 094	3 837	0.298 3	1 145	9 500	5 452	6 597
6	3 000	0.432 3	1 297	5 134	0.264 2	1 357	6 000	5 392	6 749
7	4 000	0.375 9	1 504	6 638	0.240 4	1 596	2 000	5 348	6 943

(1) 设备只需要再使用 2 年

比较两表中的年度费用,就可看出,如果只使用 2 年,继续使用原设备的年费用 6 376 元,小于设备大修后的年费用 6 462 元,继续使用原设备,不必大修。绘制出两方案的费用曲线图(图 9.14)可以更直观地获得这一结论。

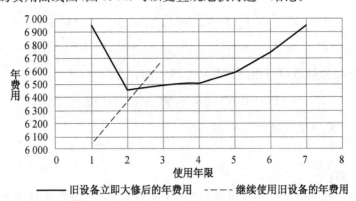

——旧设备立即大修后的年费用 ----继续使用旧设备的年费用

图 9.14

(2) 设备需要再使用 3 年

比较表 9.15 和表 9.16 使用 3 年的两方案的年费用,可见使用 3 年采用大修方案更为经济。但还需要进一步确定是立即大修,还是旧设备继续使用 1 年或 2 年后再大修。若需要再使用设备 3 年,旧设备使用 1 年后大修的费用现金流量及旧设备使用 2 年后大修的费用现金流量如表 9.17 所示。

表 9.17　　　　　　　　　　　　　　　　　　　　　　单位:元

年末	使用 1 年后大修				使用 2 年后大修			
	旧设备用 1 年	1 年年末大修	残值	净现金流	旧设备用 2 年	2 年年末大修	残值	净现金流
0	7 000			7 000	7 000			7 000
1	3 000	18 400		21 400	3 000			3 000
2		500		500	4 000	21 000		25 000
3		800	−17 900	−17 100		500	−20 000	−19 500
PC				14 743				15 691
AC				6 457				6 872

旧设备使用 1 年后大修,使用 3 年的年费用 6 457 元,低于立即大修使用 3 年的年费用 6 497 元,而使用 2 年后再大修,使用 3 年的年费用 6 872 元,均高于前两者。因此,若设备需使用 3 年,则旧设备使用 1 年后再大修。

(3) 设备需要再使用 5 年(表 9.18)

表 9.18　　　　　　　　　　　　　　　　　　　　　　单位:元

年末	使用 1 年后大修				使用 2 年后大修			
	旧设备用一年	1 年年末大修	残值	净现金流	旧设备用 2 年	2 年年末大修	残值	净现金流
0	7 000			7 000	7 000			7 000
1	3 000	18 400		21 400	3 000			3 000
2		500		500	4 000	21 000		25 000
3		800		800		500		500
4		1 200		1 200		800		800
5		1 600	−12 500	−10 900		1 200	−15 200	−14 000
PC				21 780				22 338
AC				6 497				6 664

旧设备使用1年后大修,使用5年的年费用6 497元,低于立即大修使用5年的年费用6 597元,而使用2年后再大修,使用5年的年费用6 664元,均高于前两者。因此,若设备需使用5年,则旧设备使用1年后再大修。

(4) 设备需要再使用7年(表9.19)

表 9.19　　　　　　　　　　　　　　　　　　　　　单位:元

年末	使用1年后大修				使用2年后大修			
	旧设备用1年	1年年末大修	残值	净现金流	旧设备用2年	2年年末大修	残值	净现金流
0	7 000			7 000	7 000			7 000
1	3 000	18 400		21 400	3 000			3 000
2		500		500	4 000	18 400		22 400
3		800		800		500		500
4		1 200		1 200		800		800
5		1 600		1 600		1 200		1 200
6		2 200		2 200		1 600		1 600
7		3 000	−6 000	−3 000		2 200	−9 500	−7 300
PC				27 818				25 876
AC				6 686				6 220

旧设备使用1年后大修,使用7年的年费用6 686元,低于立即大修使用7年的年费用6 943元,但是使用2年后再大修,使用7年的年费用6 220元,低于前两者。因此,若设备需使用7年,则旧设备使用2年后再大修。

10 综合应用

学习指导

综合应用题着重于应用能力训练,即综合应用工程经济学的基本理论、基本原理和方法,研究和解决实际工程经济问题的能力。综合应用题重视理论联系实际,部分题涉及生活中的经济问题,大多数题目有工程技术和社会经济背景。解题时可根据实际问题特点,从工程经济学原理中找到有效解决问题的模型或方法,进行相应的计算和分析。

习 题

10.1 某城市供水部门为了给一家大型工业企业提供水源,需要增建供水设备和管网(建设期较短,可忽略不计,建成即投入使用)。工程投资为 500 万元,10 年末的残值为 200 万元,供水成本、供水设备和管网运行与维护费每年 20 万元。为此,供水部门与该用户签订了一份为期 10 年的供水收费协议,协议中规定:前 5 年的使用费在工程开工时一次性预付,第二个 5 年的使用费每年 100 万元,在各年年初支付。设供水部门的基准收益率为 10%。

(1) 前 5 年使用费一次性预付金额至少为多少时,供水部门才愿意签订协议?

(2) 假设对该企业供水 2 年后,供水部门需要一笔资金,经与该用户协商,拟将第二个 5 年的每年使用费提前到该时间点一次性结清,供水部门认为合理的一次性结清金额为多少?

(3) 在(2)中,若设该工业企业的基准收益率为 20%,那么他认为合理的一次性结清费用金额与供水部门认为合理的金额之间的差距是多少?

10.2 某老人即将于 60 岁生日时退休,老人计划在他 60 岁生日那天一次性存入银行一笔钱,以后每年生日时从银行取出一笔钱,以补贴其生活费用。假设银行存款年利率为 10%,且若干年不变。分别在下面的各种情况下,计算他在 60 岁生日时应一次性存入至少多少钱?

(1) 假设他退休后每个生日要从银行取出 10 000 元,一直到 80 岁生日。

(2) 假设他 61 岁生日时从银行取出 10 000 元,以后的每个生日所取金额,在前一个生日所取金额基础上增加 1 000 元,直至他 80 岁生日。

(3) 假设他决定退休后直至他寿命终了,每个生日都要从银行取出 10 000 元补贴生活费用。由于无法预知他寿命终了的时间,于是他立下遗嘱:在他死后,将他这笔存款设立一个永久性的基金,委托地方红十字会在他死后的每个生日时取出 10 000 元作为助学慈善捐款。

10.3 王小二是一个工艺美术专业的大二学生,课余从一家软件公司接一些数字图形处理的活,以此挣钱来交纳学费和支付学习生活费用。他现在使用的电脑速度太慢,工作效率低,考虑到在大学后 3 年中还需要多挣钱,拟投资 2 万元购买一台专业图形处理工作站笔记本电脑,更新电脑后每年增加收入 1 万元,新电脑 3 年后的残值为 1 万元。另一个备选方案是王小二可从该家软件公司租用一台同样的电脑,但每年需要支付给公司 6 000 元租赁费,3 年后归还给公司。设其基准收益率为 10%。

(1) 王小二应该选择购置电脑方案还是租赁电脑方案,或者放弃更新?为什么?

(2) 假设王小二选择了购置方案,由于他手头只有 8 000 元现金,所以他用信用卡透支了 1.2 万元购置了电脑。按信用卡发行银行规定,这笔透支金额可分 12 个月归还,年利率 6%,按月计息,每月等额还本,利息当月结清。那么,王小二这笔透支贷款的年有效利率是多少?他第 6 个月月末还款额是多少?

(3) 鉴于(2)中的因素,是否需要对(1)中两方案重新分析,才能保证得出正确的决策?为什么?

10.4 王某在市区拥有一块较大面积土地的使用权,目前土地使用权期限尚有 25 年。5 年前,当他购得该土地使用权后,将其开辟作为停车场并使用至今,但设施已较为陈旧。随着附近一个交通更为方便的大型现代化立体停车库的建成,停车场的业务明显减少,只能靠降低停车费吸引停车车辆,效益下滑。王某拟投资改造停车场设施,但他的朋友建议他投资建设一座小型写字楼或商业物业,或者建成住宅,用于出租经营或出售。经咨询城市规划部门,此地块不得建住宅,但可用于商业用途,且层数限制在三层以内。

于是,王某根据自己的融资能力,确定了三个互斥的投资方案:一是对停车场进行更新改造(投资 500 万),二是建写字楼用于出租经营(投资 1 500 万),三是建商业物业用于出租经营(投资 1 000 万)。他委托一商业项目策划公司进行投资方案的分析评价,公司指派刚参加工作半年的大学毕业生李同学具体负责。王某偏好投资收益率的信息,且其期望的最低投资收益率为 18%。李同学经过市场调查和分析,计算出三个方案的内部收益率分别 27%、23% 和 21%。王某据此决定采用第一个方案。

(1) 你认为王某的决策是否正确?为什么?

（2）你认为李同学的投资经济分析咨询工作中存在什么问题？正确的做法应该是什么？

（3）如果市政府拟回购此土地使用权并开辟为城市绿地，则该公用设施的费用和效益构成有哪些？

10.5 某企业计划投资引进一条新的建筑配件生产线，现有4种型号生产线可供选择，初始投资及各年的使用费（包括动力、人工、修理和设备保险费等）见表10.1。

表 10.1

生产线型号	A	B	C	D
初始投资/元	250 000	320 000	500 000	600 000
年度使用费/元	310 000	290 000	250 000	230 000

假定各流水线生产能力均为每年10 000单位，使用寿命均为5年，5年末残值为0，该企业的基准投资收益率为10%。产品的单位售价为40元。

（1）假设各生产线产品无次品，生产的产品可以全部销售，则选用哪条生产线最经济？

（2）假设A、B、C和D的产品不合格率分别为8%、5%、3%和2%，所有合格产品均可以售出，不合格产品处理价为0，则选用哪条生产线最经济？

（3）通过（1）和（2）计算结果的分析与比较，您对实际工作中生产设备采购有什么良好的建议？

10.6 某工程建筑面积为49 000 m^2，空调面积为34 000 m^2，所需冷量为5 233 kW，所需热量为3 953 kW。设计中提出了三种空调冷热源方案：

（1）采用离心冷水机组夏季制冷，热水锅炉冬季供热。初期投资包括离心冷水机组、锅炉、冷却塔、气源费等共计1 135万元。

（2）采用直燃机组夏季制冷冬季供热。初期投资包括直燃机组、冷却塔、气源费等共1 310万元。

（3）用离心冷水机组夏季制冷，冬季由城市供热系统提供热源、经换热机组供热。初期投资包括离心冷水机组、换热器、冷却塔和热源初装费等共746万元。

各方案在运行过程中消耗的电量及气量见表10.2，电价按0.75元/kW·h计，天然气价格按1.80元/m^3计，城市热水管网供热取费按40元/m^2·年。各方案的设备使用寿命期按10年计算，工程使用单位的基准投资收益率为10%。冷热源系统运行按每天12小时计，冬夏季运行天数相等（注：冬夏季运行天数可以多于日历天数）。试分析在每年不同运行天数下各方案的经济性。

表 10.2

方案	夏季日用电量/kW·h	冬季日用电量/kW·h	夏季日用气量/m³	冬季日用气量/m³
A	10 800	115	—	4 000
B	660	360	4 000	4 000
C	10 800	—	—	—

10.7 某施工单位总包承建一住宅群项目的施工任务,该项目的混凝土总需要量为 10 000 m³,有三个备选的混凝土供应方案(短期方案,不考虑资金时间价值):

(1) 现场集中搅拌混凝土方案。现场建一个搅拌站,初期一次性建设费用,包括地坑基础、骨料仓库、设备的运输及装拆等费用,总共 100 000 元;搅拌设备的租金与维修费为 23 000 元/月;每立方米混凝土的制作费用,包括水泥、骨料、添加剂、水电及工资等总共为 270 元。

(2) 现场分散搅拌混凝土方案。利用本单位现有的四台闲置的搅拌机(每台每年的折旧费 1 200 元),设四个搅拌点。搅拌点的建设费用总共 10 000 元。由于较为分散,易造成窝工现象,一个月内竣工平均每立方米混凝土制作成本为 280 元,工期每延长一个月平均每立方米混凝土成本递增 2.5 元。

(3) 商品混凝土方案。由某构件厂供应商品混凝土,送到施工现场的价格为 315 元/m³。

请在不同工期(计量单位:月)条件下,对这三个方案进行经济分析,确定最经济的方案。

10.8 某拟建的投资项目原始资料简化如下:

设计生产能力为年产 60 000 t,产品售价为 1 500 元/t,单位产品可变成本为 1 000 元/t,年固定成本为 1 200 万元(其中,属于经营成本的部分为 500 万元)。假定税金及附加为销售收入的 5%,企业所得税税率为 20%。

项目建设期为 1 年,生产期 9 年。建设投资 10 000 万元(不含购置固定资产进项增值税。假定资金全部来源于权益性资金,无贷款),在建设期内均匀投入。项目建成后,其中 9 000 万元形成固定资产,年限平均法计取折旧,折旧期 15 年,预计净残值率为 10%;其余 1 000 万元形成无形资产,按 5 年摊销。项目流动资金投资为 2 000 万元,全部在生产期第 1 年投入。生产期第 1 年投产,当年即达到设计生产能力。基准收益率为 10%。

(1) 编制项目财务现金流量表(全部投资现金流量表);
(2) 计算静态投资回收期指标;
(3) 计算财务净现值指标;
(4) 以投资利润率为指标,对建设投资、产量和产品售价等三个因素进行敏感性分析。

10.9 JIANLONG 厂是专业生产成套建筑装饰制品的企业,并拥有 3 台 C3120 型六角旋转车床等设备,自行加工生产装饰制品上大量使用的某种规格螺丝,每台车床初始购置费为 20 万,年折旧费 2 万。该规格螺丝平均年需求量是 250 000 个,现采用 301 型不锈钢(价格为 20 000 元/t)加工制作,加工一个螺丝钢材消耗量(包括不可避免的工艺损耗)为 18 克,每台车床每台班(工作 8 小时)可加工 500 个合格螺丝,机床修理费平均 10 000 元/台·年。每台车床需要一名操作工,实行计日工资制,日工资(工作 8 小时)为 150 元,每台车床每个台班耗用的电力和油料等费用为 50 元。工厂的成本部门了解到:用黄铜生产螺丝,同样可以达到所要求的强度及防腐等质量要求。经调查,用黄铜加工螺丝,每个螺丝黄铜消耗量为 17 克,黄铜价格为 35 000 元/t,每台车床每台班可加工 1 000 个合格螺丝,机床修理费平均 5 000 元/台·年。假设不合格的螺丝可以按材料进价进行处理。

(1) 请分析该厂是继续用不锈钢为原料还是改换用黄铜为原料生产螺丝更经济。
(2) 当螺丝平均年需求量为多少时,(1)中的选择正好相反?
(3) 现有另一家企业向 JIANLONG 提出了一份年 100 000 个螺丝的订单,价格为 90 元/百个,分析 JIANLONG 是否应该接受此订单。

10.10 X 企业经可行性论证之后,决定将其企业总部迁往 N 市,拟在 N 市建立一座现代化的办公大楼,并委托 Y 咨询单位进行该项目的经济分析工作。

(1) 该楼的建设有三个可行地点供选择,该咨询单位邀请有关方面的专家组成专家组,对三个位址的地理区域、周边服务配套条件、景观环境、交通状况及地块的价格等方面进行了综合考察,综合专家评审意见,确定了厂址选择的综合评价指标(表 10.3)。专家组经过评审,确定了各项指标的重要程度,并为各个城市的各项指标按百分制进行打分(表 10.3)。用 0—1 评分法确定各指标的权重,并选择最优的项目地址方案。

表 10.3

评价指标	指标重要程度	选址方案及指标得分		
		A 址	B 址	C 址
(1) 地理区域功能	比其他指标都重要	85	80	95
(2) 景观环境	比其他指标都不重要	85	95	80
(3) 交通状况	比(2)和(5)重要	90	75	85
(4) 周边服务配套	比(2)(3)(5)重要	90	75	90
(5) 地块价格	比(2)重要	80	90	75

(2) 在 Z 设计院完成了办公大楼初步设计方案,并按初步设计计算出项目总投资概算为 15 000 万元(不含地价),但 X 企业希望将投资额控制在 13 000 万元以下。Y 咨询单位拟通过价值工程方法对该初步设计方案进行经济分析和优化,请说明其过程与方法。

10.11 某改扩建项目的初始投资为 1 500 万元(第一年年初投入),原固定资产的重估值为 500 万元。改扩建后的年设计生产能力从原来的 100 万吨提高到 150 万吨,售价在改扩建前后均为 10 元/t。同时,由于采用了先进技术,使变动成本由原来的 5 元/t 降到 4 元/t,固定成本由原来的 300 万元/年增加到 400 万元/年,其中属于经营成本部分费用均为 200 万元。税金及附加为销售收入的 5%。设项目计算寿命期为 10 年,基准收益率为 10%。

(1) 分析该项目改扩建工程是否值得进行(所得税前分析比较)。
(2) 计算改扩建前后的生产能力利用率盈亏平衡点,分析其变化并做出评价。

10.12 海德集团拟投资的一个新项目原始资料简化如下:

项目设计生产能力为年产 50 000 台,产品售价为 2 000 元/台,单位产品可变成本为 1 400 元/台,年固定成本为 1 200 万元(不含利息,其中属于经营成本的部分为 500 万元)。假定年税金及附加为年销售收入的 5%,企业所得税税率为 25%。

项目建设期为 1 年,生产期 9 年。建设投资(不含建设期利息)10 000 万元,在建设期内均匀投入,其中:50% 来自于权益性资金,50% 来自于银行贷款。银行贷款年有效利率为 10%,项目建成后按 5 年等额还本、利息照付方式还本付息。项目建成后建设投资全部形成企业固定资产,并按年限平均法计取折旧,折旧期 15 年,预计净残值率为 10%。项目流动资金投资为 2 000 万元,全部使用资本金,在生产期第 1 年一次性投入。生产期第 1 年投产,当年即达到设计生产能力。

(1) 对该项目进行盈亏平衡分析(固定成本中可不计入利息),计算盈亏平衡点产量和盈亏平衡点生产能力利用率指标。
(2) 编制该项目的资本金现金流量表,并说明表中各项目(如销售收入、税金及附加、所得税等,但不限于这些项目)数据的来源与计算过程(除可直接从题干中得到的数据)。(建议:先绘出现金流量表,然后再按表中构成项目逐项计算出结果再填入表中)

10.13 某工厂专业生产用于体育馆、大会堂、宴会厅、演播厅等照度要求较高、显色性较好或要求调光等场所所用的卤钨灯,最大生产能力为 2 500 套,年生产固定成本为 20 万元,单套灯具的变动成本为 700 元,税金及附加为售价的 10%。今年上半年,已接受订单为 1 500 套,价格 1 000 元/套。假设该厂剩余的生产能力当年无法再转移。

(1) 计算该厂的本年盈亏平衡产量和已接受订单的利润。

(2) 今年下半年有一大型在建的体育场馆以每套 850 元的价格订购卤钨灯 500 套。该厂是否应接受此订单？为什么？

(3) 在(2)中，假设该体育场馆采用招标方式采购，如果该厂为扩大产品影响，拟以不低于成本的低价进行竞争，其最低报价可定为多少？

10.14 华路企业是专业生产路灯的工厂，假如你是该厂负责经济分析的工程师，你近期需要解决如下一些问题：

(1) 鉴于某款道路景观灯存在成本高、寿命短、易坏等问题，你建议设计部门对其进行价值工程分析的工作，以改进设计并节省成本。价值工程小组经测算和分析，得到表 10.4 所示的零部件成本和功能重要性系数。目前实际成本 1 000 元，改进目标成本为 900 元。试确定价值改进（功能改进和成本改进）的对象。

表 10.4

零部件	A	B	C	D	E
功能系数	0.201	0.332	0.289	0.116	0.062
实际成本	200	450	130	170	50

(2) 在充分评估了政府节能减排技术政策、节能环保产品的税收优惠和未来的发展趋势后，董事会决定投资一条太阳能路灯生产线项目。经过一系列财务分析，得出财务净现值随各因素变化的数据（表 10.5），试对该项目进行敏感性分析，确定敏感因素。

表 10.5

因素	因素变化率				
	−20%	−10%	0	+10%	+20%
投资	4 885	3 385	2 885	2 385	1 885
产量(销量)	−2 123	−205	2 885	5 423	7 946
产品价格	−854	986	2 885	4 382	6 015
原料费用	5 721	3 986	2 885	1 243	−12

(3) 太阳能路灯虽然制造成本（售价）较高，但它具有不受市电供电影响、不用开沟埋线、不消耗常规电能、不污染环境、维护费用低、安全可靠等优点。工厂营销部门拟编制一本宣传手册，以向各城市路灯管理部门（公共设施部门）进行推广销售，请你提供一些经济分析的数据和结论。你应采用什么方法进行分析？应提供哪些方面的数据？

10.15 全国知名的快捷连锁酒店 ABS 旗下已拥有 500 多家门店，分布在全国 100 多个城市。现拟在某市新增一家门店，该店将租用一旧办公楼进行改建，第一期租赁期 5 年（是否续租，5 年后双方再行商定），租赁费用共 400 万元，第一年年初一次付清。另外，ABS 还需要在第 1 年年初花费 200 万元改建费用和 100 万元装修费用（5 年末没有残值），建成拥有 100 间客房的连锁酒店。预计平均每间每日租金（房价）200 元，每年营业天数 365 天。每年支付人工费用、管理费用等固定费用预计为 100 万元，平均每间出租客房每日发生水、电及洗漱用品等费用 50 元（未出租客房不发生此项费用）。设税金及附加为营业收入的 10%，ABS 的 $i_c = 10\%$。

（1）预计 5 年内平均酒店入住率（即客房出租率）为 70%，试评估 ABS 投资这家门店是否合算？

（2）该店经营的盈亏平衡点入住率是多少？

（3）前两年的年均入住率均在 70% 左右，且预计本年度入住率也将维持这一水平。本年年初该店附近的一家企业提出以每间每日 100 元的价格租用 10 间客房作为公司新员工的宿舍，租期一年。门店经理认为该价格低于每间每日的平均成本 116 元而予以拒绝，其平均成本计算式为 $\frac{(400+200+100)\times 10\,000}{5\times 365\times 100} + \frac{100\times 10\,000}{365\times 100} + 50$。你认为他的决策对吗？为什么？

（4）5 年后，ABS 将考虑是否续租该楼继续经营。假设建筑物所有者要求的第二期（也为 5 年）出租价格仍为 400 万元，期初一次性付清。ABS 估计，如果续租还将花费 100 万元进行重新装修，且由于市场竞争激烈，估计平均入住率将降到 50% 左右。如果其他数据不变，那么 ABS 是否应该继续续租经营？

10.16 据南方农村报 2012 年 11 月 20 日报道，广东省揭阳市于 2004 年建成的市一级站场、省二级汽车枢纽站——岐山车站，闲置至今未能发挥作用。该站占地面积约 2.18 万平方米，建筑面积 9 700 平方米，包含主楼和南北附楼，同时配套建设大型停车场以及商场、招待所等设施，总投资 2 800 万元。记者了解到，该项目是当地政府多次打报告申请、市领导专程到交通部做工作才予以批准立项，资金来源一部分是中央财政，省、市进行资金配套。揭阳市正在运营的一级客运站场只有揭阳市汽车总站一家。记者调查发现，揭阳市人流物流密集，由于缺乏大型客运站场，近年来市区一些私人经营的小型客运站点应运而生，仅在四级站场马牙车站周边的马牙路、仁义路沿线，就分布着 20 多家私人客运站点。而根据规划，岐山车站建成后日发送量最高可达 628 班次、1.26 万人次，大大缓解该市汽车客运压力。对于该站未能发挥使用的原因，车站总经理告诉记者，是因为"岐山汽车站位置过于偏僻，站场前后的道路又非常狭窄，大型客运车辆掉头都有困难。"显然，该站当初选址决策是失败的。

(1) 客运汽车站选址是一个多方案、多指标(多目标)评价问题,需要对多个可行方案进行综合比选而确定。如果当初你是这个项目的咨询评估师,你将会提出哪些指标用于评价车站选址的合理性?

(2) 假设现在定出了 A、B、C、D、E 等 5 个指标,各指标两两相比:①A 与 B 同等重要、比 C 较重要、与 D 同等重要、比 E 非常重要;②B 与 C 同等重要、比 D 较不重要、比 E 比较重要;③C 比 D 较不重要、比 E 较重要;④D 比 E 非常重要。请用 0—4 强制确定法,计算每个指标的权重。

(3) 以岐山车站申请立项及规划建设为素材,用本科目的理论与知识,阐述你对客运汽车站这样一种半营利性(票价提成、有营业收入)的公共基础设施项目投资有什么样的建议(不涉及选址问题)?

10.17 金峰大厦是海德集团投资的一个写字楼工程,该集团投资基准收益率为 10%。大厦总投资 30 000 万元,其中土地费用 10 000 万元。土地费用形成无形资产,按 10 年平均计算摊销费;其余投资形成固定资产,按 20 年计提折旧,年限平均法,无残值。建成后可出售(租)面积为 4 万平方米。预计该大楼建成后的销售价格为 30 000 元/平方米,税金及附加为售价的 5%。假设您是该项目的投资顾问工程师,需要您解决该项目建设与经营过程中遇到的以下几个经济决策问题:

(1) 在大厦基础完工后,出现了 10 000 万元的建设资金短缺问题,因没有其他融资渠道,拟以预售的方式回笼部分资金,假设能吸引购买者的预售价格不能高于 26 316 元/平方米,则至少要预售多少平方米面积的楼盘才能筹集到足够的资金?

(2) 假定没有出现(1)中的问题,大厦建成后,由于写字楼升值前景看好,预期 5 年后能以更好的价格出售,海德集团决定这 5 年间采用出租方式经营,市场租金 1 000 元/平方米·年。每年招租费、管理费等固定费用为 400 万元,维修费、物业费和公共电费等可变费用为 100 元/平方米·年,出租经营的税金及附加为租金收入的 10%。那么,该大厦年出租率要达到多少时才不亏本(此问题计算不考虑资金时间价值)?

$$\left(提示:出租率 = \frac{已出租面积}{可出租面积} \times 100\%\right)$$

(3) 在(2)中,假设年出租率为 100%,5 年间租金不变,固定费用不变,单位面积的可变费用第一年为 100 元,以后每年比前一年增加 10 元。5 年后预计售价为 45 000 元/平方米,但出售前需要花费 5 000 万元重新改造和装修。请分析(2)中海德集团的决策是否正确。

10.18 海德集团所属的一家工厂已迁移到经济开发区,旧厂房尚未拆除。厂房是 10 年前投资 1 000 万元建成,全部形成固定资产,折旧期 20 年,折旧期末残值为0。在集团关于旧厂房如何开发利用的讨论会上,集团投资策划部建议利用其优越的地段条件,将其改建为别具风格的写字楼(保留原厂房内的大型吊车、工业建筑风格和少量的旧机床点缀)。预计改造投资500万元(计在1年初,使用资本金投资),建成后可出租面积10 000平方米,出租率可达80%,同地段的写字楼市场租金1 000元/平方米·年;估计每年招租费、管理费等固定费用为50万元,租出部分的维修费、物业费和公共电费等可变费用为100元/平方米·年,运营期10年。改造投资全部形成固定资产,折旧期20年,期末残值为0。但是,集团市场部提请投资策划部注意这样一个事实,有一家大型超市经营公司愿意以每年400万元租金(假设年末支付)租用该厂房,由其自行改建为超市,租赁期10年。假设出租经营的税金及附加为租金收入的10%,集团基准投资收益率为10%,折旧计算均采用年限平均法。

(1) 不考虑其他不确定因素,从所得税前角度分析此项改造投资是否合算?

(2) 假设最终认为投资改造项目经济上可接受,请以投资利润率为指标,以写字楼的出租率、出租租金及出租可变费用为不确定因素,用单参数敏感性分析方法分析该项目投资的不确定性(提示:计算投资利润率时,旧厂房原投资以目前的净值计入投资中,其折旧也相应计入成本)。

(3) 也有人建议,将其改造为写字楼后,不用于出租,而将集团在外租住办公楼的3家子公司各部门迁回办公,面积也差不多够用。您认为应该考虑哪些相关因素或确定哪些相关费用,再与目前投资方案进行比较,以确定是否采纳这个方案?

10.19 XingM创业团队开发研制了一种新型灯具,该灯照度高、显色性强,并可无极调光,适用于体育馆、大会堂、宴会厅、演播厅等场所,首批产品投放市场后深受用户好评,并获得了较多订单。为扩大生产,XingM拟租用某技术开发园区一座厂房,租赁期5年(是否续租,5年后双方再行商定),租赁费共1 000万元,并在第1年年初一次性付清。另外,XingM还需要在第1年年初花费500万元购置与安装生产线(5年末净残值100万元)和100万元厂房改建装修费用(5年末没有残值),当年即投入生产。设计生产能力为10万件,产品的销售单价为200元/件;年经营成本中,支付的修理费、非生产性人员人工费、管理费等固定费用预计为100万元/年,单件产品的可变费用(含外购原料、燃料动力费,包装费,生产人员人工费等)为100元。设XingM的$i_c=10\%$,税金及附加为营业收入的10%,不考虑所得税。

(1) 预计5年内平均每年的订单为设计生产能力的70%,试评估XingM这项投资是否合算?

(2) 该生产线的盈亏平衡生产能力利用率是多少?

(3) 已知该生产线盈亏平衡生产能力利用率为50%,假设前两年的销售量均为设计生产能力的70%左右,预计本年销售量也基本维持这一水平。当年上半年合同订单量为75 000件,当年6月底某边远地区教育部门提出以150元/件的价格为地区多所中小学体育场馆采购灯具1万件(年底供货)。你认为是否应该接受这一订单?为什么?这里不考虑该企业为边远地区教育事业贡献企业社会责任因素,单纯从经济学角度分析。

10.20 德瑞集团拟投资一个新项目,其原始资料简化如下:

计算期为10年,建设期为1年,第2年为投产期,投产当年即达到设计生产能力。

建设投资5 010万元(不含建设期借款利息和购置固定资产进项增值税),建设投资全部形成固定资产(平均年限法计提折旧,折旧年限10年,残值率5%)。建设投资资金来源为资本金为2 010万元,其余为银行贷款。银行贷款的条件是年利率10%,按年计息,建设期只计息不还款(建设期利息计入货款本金),第2年开始分5年还款付息,采用等额本金偿还、利息照付(当年结清)方式。流动资金投资1 000万元,其中资本金为400万元,其余向银行贷款,年利率10%,按年计息。

年销售收入和经营成本均按不含增值税价格计算,相关经济要素数据见表10.6。

表10.6 单位:万元

计算期	1	2	3	4	5	6	7	8	9	10
销售收入		3 000	3 000	3 000	3 000	3 000	3 000	3 000	3 000	3 000
经营成本		1 750	1 750	1 750	1 750	1 750	1 750	1 750	1 750	1 750
税金及附加		12	12	12	12	12	12	12	12	12
所得税		93	109	125	140	156	172	172	172	172

(1)编制借款还本付息表。
(2)计算项目运营期的年折旧额。
(3)编制完成资本金现金流量表。
(4)已知该项目投资财务净现值的敏感性分析图(图10.1),试确定最敏感的因素及其在变化临界点的变化幅度。

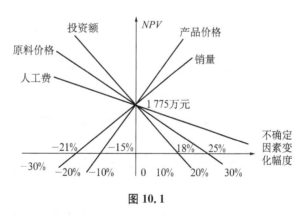

图10.1

习题解析

10.1 解：

(1) 现金流量图如图 10.2 所示。

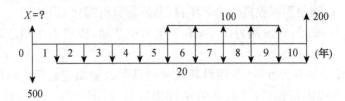

图 10.2

显然,供水部门若签订协议,那么其

$$NPV = X + 100(P/A, 10\%, 5)(P/F, 10\%, 4) + 200(P/F, 1\%, 10) \\ - 500 - 20(P/A, 10\%, 10)$$
$$\geqslant 0$$

得出, $X \geqslant 287$（万元）

前 5 年使用费一次性预付金额至少为 287 万元,供水部门才愿意签订协议。

(2) 现金流量图如图 10.3 所示,设第二个 5 年的使用费在第 2 年年末一次性结清金额为 Y。

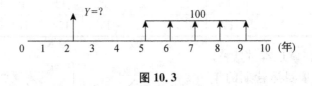

图 10.3

从供水部门角度,以供水部门的基准收益率 10% 计算：

$$Y = 100(P/A, 10\%, 5)(P/F, 10\%, 2) = 313$$

供水部门认为第二个 5 年的使用费提前到供水第 2 年年末的合理的一次性结清金额为 313 万元。

(3) 从工业企业的角度,按其基准收益率 20% 计算：

$$Y = 100(P/A, 20\%, 5)(P/F, 20\%, 2) = 208$$

从该工业企业角度,他认为的合理的一次性结清金额为 208 万元,双方认为的金额差距为 313-208=105（万元）。

10.2 **解:**

(1) 现金流量图如图 10.4 所示。

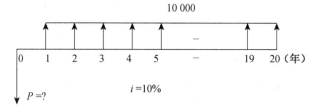

图 10.4

应一次性存入

$$P = 10\ 000(P/A, 10\%, 20) = 85\ 136(元)$$

(2) 现金流量图如图 10.5 所示。

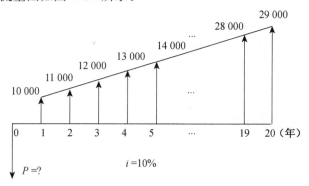

图 10.5

应一次性存入

$$P = [10\ 000 + 1\ 000(A/G, 10\%, 20)] \times (P/A, 10\%, 20)$$
$$= 140\ 543(元)$$

(3) 现金流量图如图 10.6 所示。

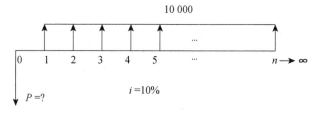

图 10.6

应一次性存入

$$P = \frac{10\,000}{10\%} = 100\,000(元)$$

10.3 解：

(1) 应该选择购置。

购置方案(G)和租赁方案(Z)与原方案(Y)相比，增额现金流量见表10.7。

表10.7　　　　　　　　　　　　　　　　　　　　　单位：元

年份	0	1	2	3	$\Delta NPV/元$
购置电脑增额现金流量	−20 000	10 000	10 000	20 000	12 382
租赁电脑增额现金流量	0	4 000	4 000	4 000	9 947

根据差额现金流量，可计算出

$\Delta NPV_{G-Y} = -20\,000 + 10\,000(P/A, 10\%, 3) + 10\,000(P/A, 10\%, 3)$
$\quad\quad\quad = 12\,382 > 0$

$\Delta NPV_{Z-Y} = 4\,000(P/A, 10\%, 3) = 9\,947 > 0$

两者均大于0，说明更新是有利的，且因为 $\Delta NPV_{G-Y} > \Delta NPV_{Z-Y}$，所以应选择购置方案。

(2)

$$年有效利率 = \left(1 + \frac{6\%}{12}\right)^{12} - 1 = 6.17\%$$

第6个月月末还款额是1 035元。

有两种计算方法：

① 直接计算

每月等额还本额是 $\frac{12\,000}{12} = 1\,000(元)$

由于利息当月结清，第6个月月初借款余额为 $12\,000 - 1\,000 \times 5 = 7\,000(元)$

当月利息为 $7\,000 \times \frac{6\%}{12} = 35(元)$

所以第6个月月末还款额为 $1\,000 + 35 = 1\,035(元)$

② 用表格计算(表10.8)

表 10.8　　　　　　　　　　　　　　　　　　　　　单位:元

月份	1	2	3	4	5	6
月初借款余额	12 000	11 000	10 000	9 000	8 000	7 000
当月还本	1 000	1 000	1 000	1 000	1 000	1 000
当月付息	60	55	50	45	40	35
月末借款余额	11 000	10 000	9 000	8 000	7 000	6 000
当月还款额						1 035

(3) 不需要重新分析。因为基准收益率的测算已经考虑了资金成本(利息)。

10.4 解:

(1) 王某的决策存在问题。因为内部收益率不能作为投资方案比选的标准,即采用内部收益率进行他的投资方案选择,不能保证决策的正确性。

(2) 李同学作为委托人王某的投资咨询师,他并没有向委托人指出采用投资收益率进行决策是难以保证决策结果正确性的。李同学的正确做法是应当向委托人说明用 IRR 选择投资方案存在的问题,解释依据净现值决策的可靠性,并建议其应当根据净现值进行决策。然后,他应计算出各方案的净现值供其决策使用。

更进一步,他还可要求委托人提供有关融资情况和资金来源方面的数据,并计算各投资方案的投资回收期、借款偿还期或利息备付率与偿债备付率,并进行投资风险分析和不确定性分析,将相关计算分析结果提供给委托人决策。同时,他也可以建议王某采用多指标决策方法进行方案选择,并予以计算分析上的协助。

(3) 市政府回购该地块土地使用权并将此地块辟为城市绿地,该公共设施的效益构成:

① 城市绿化环境的改善;
② 空气质量的提高;
③ 居民休闲、健身场所的增加。

费用构成:

① 土地回购费用;
② 原建筑物拆除费用;
③ 广场初期建设费用;
④ 广场使用期间各项使用维护费用和管理费用。

10.5 解:

(1) 在这种情况下,各方案收益相同,因此可采用最小费用法,计算各方案的费用现值：

$$PC_A = 250\ 000 + 310\ 000(P/A, 10\%, 5) = 1\ 425\ 144$$
$$PC_B = 320\ 000 + 290\ 000(P/A, 10\%, 5) = 1\ 419\ 328$$
$$PC_C = 500\ 000 + 250\ 000(P/A, 10\%, 5) = 1\ 447\ 697$$
$$PC_D = 600\ 000 + 230\ 000(P/A, 10\%, 5) = 1\ 471\ 881$$

因为 PC_B 最小，因此选用 B 型生产线最经济。

当然，也可计算年费用进行比较，4 个方案的年费用计算结果如下：

$$AC_A = 250\ 000(A/P, 10\%, 5) + 310\ 000 = 375\ 949$$
$$AC_B = 374\ 415$$
$$AC_C = 381\ 899$$
$$AC_D = 388\ 278$$

（2）根据产品不合格率，分别计算出各种型号生产线的年收益：

A 型生产线为 $10\ 000 \times (1 - 8\%) \times 40 = 368\ 000$（万元）
B 型生产线为 $10\ 000 \times (1 - 5\%) \times 40 = 380\ 000$（万元）
C 型生产线为 $10\ 000 \times (1 - 3\%) \times 40 = 388\ 000$（万元）
D 型生产线为 $10\ 000 \times (1 - 2\%) \times 40 = 392\ 000$（万元）

分别计算各方案的净现值：

$$NPV_A = -250\ 000 + (368\ 000 - 310\ 000)(P/A, 10\%, 5) = -30\ 314(万元)$$
$$NPV_B = -320\ 000 + (380\ 000 - 290\ 000)(P/A, 10\%, 5) = 21\ 171(万元)$$
$$NPV_C = -500\ 000 + (388\ 000 - 250\ 000)(P/A, 10\%, 5) = 23\ 129(万元)$$
$$NPV_D = -600\ 000 + (392\ 000 - 230\ 000)(P/A, 10\%, 5) = 14\ 107(万元)$$

因为 C 方案净现值最大，且为正，在这种情况下，选择 C 型生产线最经济。

（3）根据前面(1)和(2)的计算和对比，可以看出，企业在采购设备过程中，不能仅看设备的初始购置费用，设备的选择要考虑设备使用全寿命周期的费用，同时还要综合考虑设备产能上的差别性。

10.6 解：

设冬夏季运行天数各为 x 天。

（1）计算各方案的年运行费用

方案 A：$10\ 800 \times 0.75x + (115 \times 0.75 + 4\ 000 \times 1.8)x = 15\ 386x$（元）
方案 B：$(660 \times 0.75 + 4\ 000 \times 1.8)x + (360 \times 0.75 + 4\ 000 \times 1.8)x = 15\ 165x$（元）
方案 C：$10\ 800 \times 0.75x + 34\ 000 \times 40 = 8\ 100x + 1\ 360\ 000$（元）

（2）计算各方案费用现值

方案 A 的费用现值

$$PC_A = 1\,135 + 1.539 \times \frac{(1+10\%)^{10}-1}{10\% \times (1+10\%)^{10}} \times x = 1\,135 + 9.454x(万元)$$

方案 B 的费用现值

$$PC_B = 1\,310 + 1.517 \times \frac{(1+10\%)^{10}-1}{10\% \times (1+10\%)^{10}} \times x = 1\,310 + 9.318x(万元)$$

方案 C 的费用现值

$$PC_C = 746 + (0.81x + 136) \times \frac{(1+10\%)^{10}-1}{10\% \times (1+10\%)^{10}}$$
$$= 1\,581.666 + 4.977x(万元)$$

（3）绘制优劣平衡分析图（图 10.7）进行分析

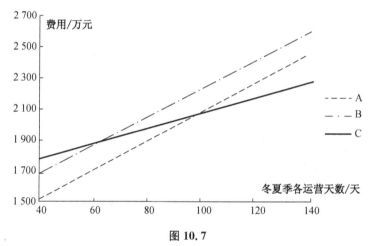

图 10.7

根据各方案费用现值与运行天数的关系，画出优劣平衡分析图，求出优劣分歧点分别为

$$x_{AB} = 1\,287$$
$$x_{BC} = 63$$
$$x_{AC} = 100$$

显然，每年运行 1 287 天没有实际意义。根据上面的优劣平衡分析图分析：
① 当每年冬夏季运行天数各小于 100 天时，应选择 A 方案；
② 当每年冬夏季运行天数各大于 100 天时，应选择 C 方案；
③ B 方案在任何情况下，都不是经济方案。

10.7 解：

设工期为 x 个月。

(1) 计算各方案的总费用

$$C_A = 10 + 2.3x + 270 \times 1 = 280 + 2.3x$$
$$C_B = 1 + [280 + (x-1) \times 2.5] \times 1 = 278.5 + 2.5x$$
$$C_C = 315 \times 1 = 315$$

(2) 绘制优劣平衡分析图（图 10.8），并计算优劣平衡点

由 $C_A = C_B$，有 $X_{AB} = 7.5$(月)
由 $C_B = C_C$，有 $X_{BC} = 14.6$(月)
由 $C_A = C_C$，有 $X_{AC} = 15.2$(月)

A、B 还有另一个交点 0.43 个月，显然没有实际生产意义，可忽略。

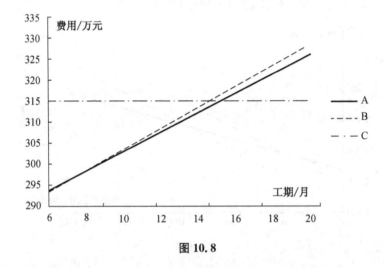

图 10.8

(3) 经济比较分析

当工期小于 7.5 个月时，选 B 方案；
当工期在 7.5 个月到 15.2 个月之间时，选 A 方案；
当工期超过 15.2 个月时，选 C 方案。

10.8 解：

(1) 项目财务现金流量表（表 10.9）
计算主要项目数据：
年销售收入为 60 000×1 500＝9 000(万元)
年折旧费为 9 000×(1－10%)/15＝540(万元)

第 10 年年末的固定资产回收余值为 9 000－540×9＝4 140(万元)

年经营成本为 60 000×1 000＋5 000 000＝6 500(万元)

年税金及附加为 9 000×5％＝450(万元)

年所得税为(9 000－1 200－60 000×1 000/10 000－450)×20％＝270(万元)

表 10.9 单位:万元

项目	计算期									
	1	2	3	4	5	6	7	8	9	10
1 现金流入		9 000	9 000	9 000	9 000	9 000	9 000	9 000	9 000	15 140
1.1 销售收入		9 000	9 000	9 000	9 000	9 000	9 000	9 000	9 000	9 000
1.2 回收固定资产余值										4 140
1.3 回收流动资金										2 000
2 现金流出	10 000	9 220	7 220	7 220	7 220	7 220	7 220	7 220	7 220	7 220
2.1 建设投资	10 000									
2.2 流动资金投资		2 000								
2.3 经营成本		6 500	6 500	6 500	6 500	6 500	6 500	6 500	6 500	6 500
2.4 税金及附加		450	450	450	450	450	450	450	450	450
2.5 所得税		270	270	270	270	270	270	270	270	270
3 净现金流	－10 000	－220	1 780	1 780	1 780	1 780	1 780	1 780	1 780	7 920
4 累计净现金流量	－10 000	－10 220	－8 440	－6 660	－4 880	－3 100	－1 320	460	2 240	10 160

(2) 根据累计净现金流量,可计算出静态投资回收期为

$$P_t = 8 - 1 + \frac{|-1\,320|}{1\,780} = 7.74(年)$$

(3) 根据项目财务现金流量表,计算财务净现值为

$FNPV = -10\,000(P/F, 10\%, 1) - 220(P/F, 10\%, 2)$
$\qquad + 1\,780(P/A, 10\%, 7)(P/F, 10\%, 2) + 7\,920(P/F, 10\%, 10)$
$\quad = 943$

(4) 敏感性分析

① 计算投资利润率(表 10.10)

表 10.10 单位:万元

1	销售收入	9 000
	其中:产量	6
	价格	1 500
2	总成本	7 200
	其中:单位可变成本	1 000
	固定成本	1 200
3	税金及附加	450
4	利润总额	1 350
5	总投资	12 000
	其中:建设投资	10 000
	流动资金投资	2 000
	建设期利息	0
6	投资利润率	11.25%

② 编制敏感性分析图表或计算敏感度系数

计算投资利润率随着三个要素变化而变化的数据,编制出敏感性分析表(表 10.11)。

表 10.11

因素变化率	−20%	−10%	0	10%	20%
利润率随投资的变化	13.50%	12.27%	11.25%	10.38%	9.64%
利润率随产量的变化	7.00%	9.13%	11.25%	13.38%	15.50%
利润率随价格的变化	−3.00%	4.13%	11.25%	18.38%	25.50%

或进一步做出敏感性分析图(图 10.9)。

或计算出敏感度系数

利润率随投资变化的敏感度:$\dfrac{(11.25\% - 12.27\%)/11.25\%}{0 - (-10\%)} = -0.91$

利润率随产量变化的敏感度:$\dfrac{(11.25\% - 9.13\%)/11.25\%}{0 - (-10\%)} = 1.88$

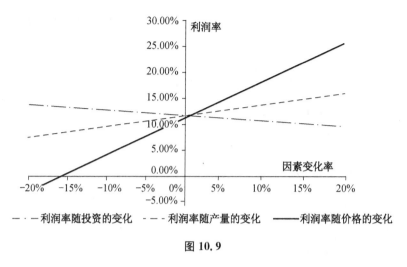

图 10.9

利润率随价格变化的敏感度：$\dfrac{(11.25\% - 4.13\%)/11.25\%}{0 - (-10\%)} = 6.33$

③ 据表或图进行敏感性分析

根据图、表或敏感度系数，可以看出价格是最敏感的因素，其次是产量，投资是三个因素中敏感性最低的因素。

10.9 解：

车床购置费、折旧费可看做是沉没成本；或者从另一个角度说，无论是采用黄铜还是不锈钢生产螺丝，车床本身的购置费用和其折旧费并没有变化，方案比较时只要关注未来预期费用或效益的差异性，所以该题的分析计算中不应考虑车床购置费和折旧费。此外，生产的不合格螺丝可以按材料进价进行处理，所以可忽略不同材料生产螺丝合格率差异的影响。

(1) 分别计算出采用不锈钢和黄铜为原料生产螺丝的年成本

$$C_{gang} = 250\,000 \times 18 \times \frac{20\,000}{1\,000 \times 1\,000} + \frac{250\,000}{500} \times (150 + 50) + 10\,000 \times 3$$
$$= 220\,000(元)$$

$$C_{tong} = 250\,000 \times 17 \times \frac{35\,000}{1\,000 \times 1\,000} + \frac{250\,000}{1\,000} \times (150 + 50) + 5\,000 \times 3$$
$$= 213\,750(元)$$

由于 $C_{tong} < C_{gang}$，所以该厂应改换用黄铜为原料生产螺丝更经济。

(2) 设螺丝年平均需求量为 x 个，则

$$C_{\text{gang}} = 18 \times \frac{20\ 000}{1\ 000 \times 1\ 000} x + \frac{x}{500} \times (150 + 50) + 10\ 000 \times 3$$
$$= 30\ 000 + 0.76x$$
$$C_{\text{tong}} = 17 \times \frac{35\ 000}{1\ 000 \times 1\ 000} x + \frac{x}{1\ 000} \times (150 + 50) + 5\ 000 \times 3$$
$$= 15\ 000 + 0.795x$$

优劣平衡分析图如图 10.10 所示。

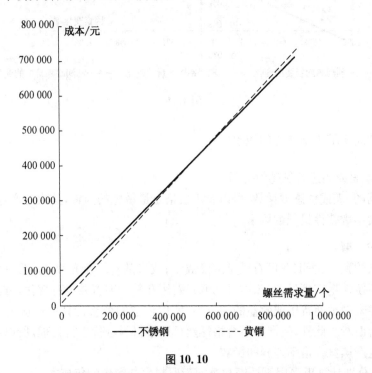

图 10.10

当 $C_{\text{gang}} = C_{\text{tong}}$ 时,求出优劣分歧点 $x^* = 428\ 571$(个),即当需求量为 428 571 个以上时,采用不锈钢生产更经济(与(1)选择相反)。

(3) ① 生产能力满足程度

订单 100 000 个,加上本企业的螺丝需求量 250 000 个,螺丝年生产总量为 350 000 个,

若用黄铜生产,则需要 $\frac{350\ 000}{1\ 000} = 350$(台班)

若用不锈钢生产,则需要 $\frac{350\ 000}{500} = 700$(台班)

目前有 3 台车床,生产能力能够满足要求。

② 用黄铜生产订单产品

若订单要求的螺丝为黄铜材质,则每增加生产 100 个螺丝的增量成本(边际成本)为

$$100 \times 17 \times \frac{35\,000}{1\,000 \times 1\,000} + \frac{100}{1\,000} \times (150 + 50) = 79.5 \text{(元/百个)}$$

③ 用不锈钢生产订单产品

若订单为不锈钢材质的螺丝,则每增加生产 100 个的边际成本为

$$100 \times 18 \times \frac{20\,000}{1\,000 \times 1\,000} + \frac{100}{500} \times (150 + 50) = 76 \text{(元/百个)}$$

④ 决策

目前本企业的剩余螺丝生产能力能满足订单的需求,并且无论是订单要求的螺丝材质是黄铜还是不锈钢,生产的边际成本均小于订单的边际收益 90 元/百个,因此应接受此订单。

10.10 解:

(1) 根据题干表中的数据,用 0—1 评分法评分,计算各指标的权重(表 10.12)。

表 10.12

评价指标	(1)	(2)	(3)	(4)	(5)	得分	修正得分	权重系数
(1) 地理区域功能	×	1	1	1	1	4	5	0.333
(2) 景观环境	0	×	0	0	0	0	1	0.067
(3) 交通状况	0	1	×	0	1	2	3	0.2
(4) 周边服务配套	0	1	1	×	1	3	4	0.267
(5) 地块价格	0	1	0	0	×	1	2	0.133
合 计						10	15	1

根据权重系数及各选址方案的得分,计算方案加权综合评分(表 10.13)

表 10.13

评价指标	权重系数	选址方案及指标得分		
		A 址	B 址	C 址
(1) 地理区域功能	0.333	85	80	95
(2) 景观环境	0.067	85	95	80

续表 10.13

评价指标	权重系数	选址方案及指标得分		
		A址	B址	C址
(3) 交通状况	0.2	90	75	85
(4) 周边服务配套	0.267	90	75	90
(5) 地块价格	0.133	80	90	75
方案综合评价值		87	80	88

因 C 方案综合评价值最大，因此最优选址为 C 址。

(2) Y 咨询单位可按如下程序、步骤和方法开始价值工程活动：

① 组织由各专业专家及未来办公楼使用者组成价值工程小组。

② 分析该办公大楼的功能构成，如接待区、办公区、会议区、休息活动区、停车场等；也可按办公楼的分部构成进行划分，如地基、地下室、主体结构、内装修、外装修、电梯、安防系统、弱电系统等。

③ 采用强制确定法等确定各功能块或分部的功能重要性系数；按初步设计方案计算各功能块或分部的概算造价，计算成本系数；根据功能系数和成本系数，计算价值系数；价值系数偏离 1 较大的功能块或分部，其与实现的现实成本之间不匹配，则列为进一步价值分析的对象。

④ 将设计方案的概算投资额 15 000 万元和目标投资额 13 000 万元按功能系数分配到各功能或各分部，计算功能评价值，并与各功能或分部的概算造价相比较，确定功能改进对象和成本改进对象及改进的目标。

⑤ 按改进的目标，提出实现各功能或分部的新的设计方案，并进行新方案的评价，以期达到功能与成本的匹配，并将新的设计方案的概算投资总额控制在 13 000 万元以内。

10.11 解：

(1) 不扩建方案的各年净现金流量为 $100 \times 10 - 5 \times 100 - 200 - 100 \times 10 \times 5\% = 250$（万元）

扩建方案的各年净现金流量为 $150 \times 10 - 4 \times 150 - 200 - 150 \times 10 \times 5\% = 625$（万元）

原固定资产的重估值可看做机会成本，则不扩建方案的现金流量图如图 10.11 所示，扩建方案的净现金流量图如图 10.11 所示，分别计算两方案的净现值。

$$NPV_{不扩建} = -500 + 250(P/A, 10\%, 10) = 1\,036 (万元)$$
$$NPV_{扩建} = -2\,000 + 625(P/A, 10\%, 10) = 1\,840 (万元)$$

10.14 解:

(1)根据题中数据,编制该款道路景观灯的价值分析表(表10.17)。

表 10.17

零部件	功能系数	目前投资概算	成本系数	价值系数	按功能系数分配概算投资额	按功能系数分配目标投资额	ΔC_1	ΔC_2	成本改进期望值
A	0.201	200	0.200	1.005	201	181	1	−20	−19
B	0.332	450	0.450	0.738	332	299	−118	−33	−151
C	0.289	130	0.130	2.223	289	260	159	−29	130
D	0.116	170	0.170	0.682	116	104	−54	−12	−66
E	0.062	50	0.050	1.240	62	56	12	−6	6

从表10.16中的价值系数来看,应将B、C、D零部件作为价值分析的对象。

对于B零件,虽然其功能系数最高,但其花费的成本太高,则可能存在实现功能的手段不佳,可以通过方案创新等方法,降低成本,即作为成本改进对象;对于C零件,功能系数较高,但是花费了很低比例的成本,则产品的功能可能达不到用户需求,所以应作为功能改进对象;对于D零件,功能系数很低,但是花费了很高比例的成本,则该零件可能存在功能过剩,也应作为功能改进对象。

(2)可以直接比较敏感性分析表中在各因素变化率相同幅度下的财务净现值变化幅度,或者绘制敏感性分析图(图10.13)。根据斜率大小,从图10.13中可看出,因素按敏感程度从高到低排序为:产量、产品价格、原料费用和投资。另外,也可计算敏感度系数进行判断。

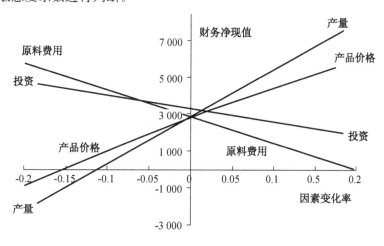

图 10.13

(3) 应采用费用效益分析方法进行分析。

应提供的数据包括：费用效益分析的绝对效果、相对效益指标数据；与常用路灯方案对比的节省电费、维护费用；减少的环境污染、减排效果；减少的开沟埋线费用等。

10.15 解：

(1) 年收入为 $200 \times 100 \times 70\% \times 365 = 5\,110\,000(元) = 511(万元)$

年运营成本为 $100 + 50 \times 100 \times 70\% \times 365/10\,000 = 228(万元)$

年税金及附加为 $511 \times 10\% = 51(万元)$

该门店投资的现金流量图如图 10.14 所示。

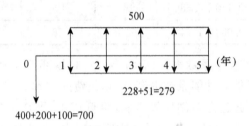

图 10.14

计算出该投资的净现值

$$NPV = -700 + (511 - 279)(P/A, 10\%, 5) = 180(万元)$$

由于净现值大于 0，所以 ABS 投资这家门店是合算的。

(2) 设盈亏平衡点入住率为 E，

年固定成本为 $\dfrac{700}{5} + 100 = 240(万元)$

则

$$200 \times 100 \times E \times 365 \times (1 - 10\%)/10\,000$$
$$= 240 + 50 \times 100 \times E \times 365/10\,000$$

$$E = \frac{240}{1.8 \times 365 - 0.5 \times 365} = 51\%$$

盈亏平衡点入住率为 51%

(3) 他的决策不对。

因为短期的经济决策应该根据边际成本而不是平均成本。2013 年预计入住率约为 70%，即每日出租为 70 间左右，尚余 30 间客房不能出租。采用边际成本分析：

边际成本为 50 元/(间·天)

对方企业出价 100 元/(间·天)，边际收益为

$$100 \times (1-10\%) = 90(元/(间·天))$$

边际收益＞边际成本，所以 ABS 应接这笔订单。

(4)

年收入为 $200 \times 100 \times 50\% \times 365/10\ 000 = 365(万元)$

年运营成本为 $100 + 50 \times 100 \times 50\% \times 365/10\ 000 = 191(万元)$

年税金及附加为 $365 \times 10\% = 37(万元)$

5 年后再续租 5 年的现金流量如图 10.15 所示。

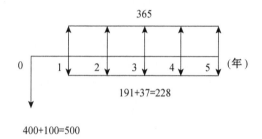

图 10.15

计算出其净现值

$$NPV = -500 + (365-228)(P/A, 10\%, 5) = 20(万元)$$

计算出的净现值大于 0，所以继续租赁经营是合算的。

10.16 解：

(1) 从场址是否满足城市总体规划、人流疏散、车流畅通、乘坐交通便利、节约用地、安全运行、节省投资和车辆行驶里程、环境保护等多个方面考虑指标。

(2) 根据题目给出的各指标之间两两比较的重要性，用 0—4 评分法获得各自的得分，用各指标得分除以合计得分，即获得各指标的权重(表 10.18)。

表 10.18

指标	A	B	C	D	E	得分	权重
A	—	2	3	2	4	11	0.28
B	2	—	2	1	3	8	0.20

续表 10.18

指标	A	B	C	D	E	得分	权重
C	1	2	—	1	3	7	0.18
D	2	3	3	—	4	12	0.30
E	0	1	1	0	—	2	0.05
合计						40	1.00

(3) 可以从两个方面进行分析：

• 从项目立项角度，车站是公共设施项目，政府决策不能以盈利为目的，主要考察项目的社会效益，要以费用效益和费用效果分析的结果为决策依据。

• 从项目的规划与设计角度，应对车站的功能进行优化，节省投入，使项目发挥最大的效果。

由此可见，车站是半营利性公共设施，投资应用于车站设施及附设的出租车与自备车停车场、公交驳接通道、旅客候车服务等。该车站配套建设商场和招待所等明显增加了政府财政投入，也影响投资效果。如果把配套设施的投资用于进出站的道路建设，可能不至于发生现在的问题。

10.17 解：

(1) 4 000 平方米

不含税的最高售价为 26 316 − 26 316 × 5% = 25 000(元/平方米)，

则至少预售的面积为 $\frac{10\,000}{25\,000} = 0.4$(万平方米)，即 4 000 平方米，方能筹集到足够资金。

(2) 75%

在出租经营期间，固定资产年折旧费为 $\frac{30\,000 - 10\,000}{20} = 1\,000$(万元)

无形资产年摊销费为 $\frac{10\,000}{10} = 1\,000$(万元)

年固定成本为 $1\,000 + 1\,000 + 400 = 2\,400$(万元)

则盈亏平衡出租面积为 $\frac{2\,400}{1\,000 - 1\,000 \times 10\% - 100} = 3$(万平方米)

盈亏平衡出租率为 $\frac{3}{4} \times 100\% = 75\%$

此题也可采用类似习题 10.15 的方法，通过解方程计算盈亏平衡出租率。

(3) 决策并不正确,NPV小于0。

放弃立即销售,机会成本为 $4 \times 30\,000 \times (1-5\%) = 114\,000$(万元)

5年后不含税销售收入为 $4 \times 45\,000 \times (1-5\%) = 171\,000$(万元)

年租金收入为 $4 \times 1\,000 = 4\,000$(万元)

年出租税金及附加为 $4\,000 \times 10\% = 400$(万元)

出租5年的可变费用计算见表10.19。

表 10.19　　　　　　　　　　　　　　　　单位:万元

1	2	3	4	5
$100 \times 4 = 400$	$(100+10) \times 4 = 440$	$(100+20) \times 4 = 480$	$(100+30) \times 4 = 520$	$(100+40) \times 4 = 560$

5年的现金流量表见表10.20。

表 10.20　　　　　　　　　　　　　　　　单位:万元

年末	0	1	2	3	4	5
机会成本	$-114\,000$					
固定费用		-400	-400	-400	-400	-400
可变费用		-400	-440	-480	-520	-560
出租收入		$4\,000$	$4\,000$	$4\,000$	$4\,000$	$4\,000$
出租税金		-400	-400	-400	-400	-400
年末销售收入						$171\,000$
装修费						$-5\,000$
净现金流量	$-114\,000$	$2\,800$	$2\,760$	$2\,720$	$2\,680$	$168\,640$

$$NPV = -114\,000 + \frac{2\,800}{1+10\%} + \frac{2\,760}{(1+10\%)^2} + \frac{2\,720}{(1+10\%)^3} + \frac{2\,680}{(1+10\%)^4} + \frac{168\,640}{(1+10\%)^5} - 587 < 0$$

因此,该项决策并不正确。

10.18　解:

年租金收入 $10\,000 \times 80\% \times 1\,000 = 800$(万元)

年出租税金及附加 $800 \times 10\% = 80$(万元)

年机会成本(出租给超市公司) $400 - 400 \times 10\% = 360$(万元)

年运营费用 $50 + 100 \times 10\,000 \times 80\% = 130$(万元)

旧厂房投资是沉没成本,不计入现金流中

改造投资形成固定年折旧 $\frac{500}{20}=25$(万元),10 年末的净值为 $500-25\times10=250$(万元)

(1) 合算,因为 $NPV>0$。

现金流量表见表 10.21。

表 10.21　　　　　　　　　　　　　　　　　　　单位:万元

项目	计算期										
	0	1	2	3	4	5	6	7	8	9	10
投资	−500										
固定资产残值回收											250
年运营费用		−130	−130	−130	−130	−130	−130	−130	−130	−130	−130
机会成本		−360	−360	−360	−360	−360	−360	−360	−360	−360	−360
年租金收入		800	800	800	800	800	800	800	800	800	800
年经营税金		−80	−80	−80	−80	−80	−80	−80	−80	−80	−80
税前净现金流	−500	230	230	230	230	230	230	230	230	230	480

$$NPV=-500+230(P/A,10\%,9)+480(P/F,10\%,10)=1\,010(万元)$$

因 $NPV>0$,故该项改造投资是合算的。

(2) 旧厂房年折旧 $\frac{1\,000}{20}=50$(万元),目前的残值为 $1\,000-50\times10=500$(万元)

总投资 $500+500=1\,000$(万元)

总折旧 $25+50=75$(万元)

① 出租率变化,设参数变化率为 x

投资利润率

$$R(x)=\frac{1\times80\%(1+x)\times1\,000\times(1-10\%)-[50+1\times80\%(1+x)\times100]-75}{1\,000}\times100\%$$

$$=\frac{515+640x}{1\,000}\times100\%$$

② 租金变化，设参数变化率为 x

投资利润率

$$R(x) = \frac{1 \times 80\% \times 1\,000(1+x) \times (1-10\%) - [50 + 1 \times 80\% \times 100] - 75}{1\,000}$$

$$\times 100\%$$

$$= \frac{515 + 720x}{1\,000} \times 100\%$$

③ 可变费用变化，设参数变化率为 x

投资利润率

$$R(x) = \frac{1 \times 80\% \times 1\,000 \times (1-10\%) - [50 + 1 \times 80\% \times 100(1+x)] - 75}{1\,000}$$

$$\times 100\%$$

$$= \frac{515 - 80x}{1\,000} \times 100\%$$

④ 各因素取变化率为 0%、±10%（也可取其他值），计算投资利润率，编制敏感性分析表（表10.22）

表 10.22

变化率	−10%	0	10%	敏感度系数
出租率	45%	52%	58%	1.35
租金	44%	52%	59%	1.54
可变费用	53%	52%	51%	−0.19

也可计算出敏感度系数（表10.21）或绘制敏感性分析图（图10.16）

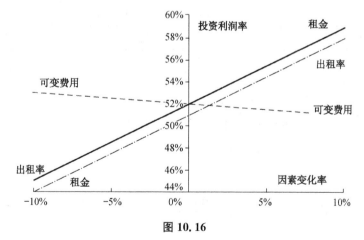

图 10.16

根据表、图或敏感度系数,可判断出租金是最敏感的因素,其次是出租率的变化,可变费用是较不敏感的因素。

(3) 考虑的因素或确定的相关费用主要包括:

① 目前3家子公司在外租住办公楼的租金;

② 租住办公楼相关水电费和物业管理费用(如未含在租金中);

③ 目前3家子公司在外租住办公楼时办公期间回总部办理相关业务的交通费用和节省的时间;

④ 可以节省的每年招租费用。

10.19 解:

(1)

初始投资额 $1\,000+500+100=1\,600$(万元)

5年末回收固定资产残值100万元

年收入 $10\times70\%\times200=1\,400$(万元)

年经营成本 $100+10\times70\%\times100=800$(万元)

年税金及附加 $1\,400\times10\%=140$(万元)

据此,可得出现金流量表(表10.23)

表10.23 单位:万元

年份	0	1	2	3	4	5
投资	−1 600					
期末固定资产回收残值						100
年经营成本		−800	−800	−800	−800	−800
年税金及附加		−140	−140	−140	−140	−140
年收入		1 400	1 400	1 400	1 400	1 400
净现金流量	−1 600	460	460	460	460	560

$$NPV=-1\,600+460(P/A,10\%,5)+100(P/F,10\%,5)=206(万元)$$

或写成

$$NPV=-1\,600+460(P/A,10\%,4)+560(P/F,10\%,5)=206(万元)$$

因 $NPV=206>0$,所以这项投资是合算的。

(2)

投资形成的年固定成本为 $\dfrac{1\,000+500+100-100}{5}=300$(万元)

生产性年固定成本为 100 万元

年固定成本为 300＋100＝400(万元)

则可计算出盈亏平衡点产量为 $\dfrac{400}{200-200\times10\%-100}=5$(万件)

盈亏平衡点生产能力利用率为 $\dfrac{5}{10}\times100\%=50\%$

(3) 接受这一订单位。因为当年上半年订单为 75%,与前两年的情况基本持平,且超过了盈亏平衡点生产能力利用率。这一新订单,当年剩余的生产能力可以完成。可采用边际分析方法:

价格为 150 元/件

边际收益为 150－150×10%＝135(元/件)

边际成本为 100 元/件

边际收益＞边际成本

所以,应接受这一订单。

10.20 解:

(1) 编制借款还本付息表(表 10.24)。

表 10.24 单位:万元

借款用途	计算期	1	2	3	4	5	6	7	8	9	10
建设投资借款	年初借款余额		3 150	2 520	1 890	1 260	630				
	本年借款额	3 000									
	本年应计利息	150	315	252	189	126	63				
	本年本金偿还		630	630	630	630	630				
	本年利息支付		315	252	189	126	63				
流动资金借款	借款		600								
	本年支付利息		60	60	60	60	60	60	60	60	60
	本金偿还										600

第 1 年(建设期)应计利息

$$\dfrac{3\,000}{2}\times10\%=150(万元)$$

运营期前 5 年(第 2～6 年)为还款期,5 年等额本金偿还,每年还本额为

$$\frac{3\,000+150}{5}=630(万元)$$

第2年应计利息

$$3\,150\times10\%=315(万元)$$

第3年年初的借款余额

$$3\,150-630=2\,520(万元)$$

第3年应计利息

$$2\,520\times10\%=252(万元)$$

依此类推,可计算出其他年份的利息。

流动资金借款每年利息

$$600\times10\%=60(万元)$$

(2) 计算该项目运营期的年折旧额

固定资产原值为 $5\,010+150=5\,160$(万元)

年折旧额

$$\frac{5\,160\times(1-5\%)}{10}=490(万元)$$

(3) 编制项目资本金现金流量表(表10.25)。

表10.25　　　　　　　　　　　　　　　　　　　　　单位:万元

计算期	1	2	3	4	5	6	7	8	9	10
1 现金流入		3 000	3 000	3 000	3 000	3 000	3 000	3 000	3 000	4 750
1.1 销售(营业)收入		3 000	3 000	3 000	3 000	3 000	3 000	3 000	3 000	3 000
1.2 回收固定资产余值										750
1.3 回收流动资金										1 000
2 现金流出	2 010	3 260	2 813	2 766	2 718	2 671	1 994	1 994	1 994	2 594
2.1 项目资本金	2 010	400								
2.2 借款本金偿还		630	630	630	630	630	0	0	0	600

续表 10.25

计算期	1	2	3	4	5	6	7	8	9	10
2.3 借款利息支付		375	312	249	186	123	60	60	60	60
2.4 经营成本		1 750	1 750	1 750	1 750	1 750	1 750	1 750	1 750	1 750
2.5 税金及附加		12	12	12	12	12	12	12	12	12
2.6 所得税		93	109	125	140	156	172	172	172	172
3 净现金流量	−2 010	−260	187	234	282	329	1 006	1 006	1 006	2 156

回收固定资产余值为

$$5\ 160-490\times 9=750(万元)$$

(4)根据该项目投资财务净现值(NPV)敏感性分析图可知,造成 NPV 变化的最敏感因素是产品价格,其在变化临界点的变化幅度是−15%。

参考文献

[1] 黄有亮,徐向阳,谈飞,等.工程经济学[M].第4版.南京:东南大学出版社,2021

[2] 黄有亮,张星,杜静,等.土木工程经济分析导论[M].第2版.南京:东南大学出版社,2022

[3] 刘晓君.工程经济学[M].第3版.北京:中国建筑工业出版社,2015

[4] 黄渝祥,邢爱芳.工程经济学[M].第3版.上海:同济大学出版社,2005

[5] [美]沙立文,威克斯,勒克斯霍.工程经济学[M].第13版.邵颖红,等,译.北京:清华大学出版社,2007

[6] [美]Thuesen,Fabrycky.Engineering Economy[M].第9版.北京:清华大学出版社,2005

[7] 李南.工程经济学[M].北京:科学出版社,2004

[8] 刘长滨.建筑工程技术经济学[M].北京:中国建筑工业出版社,1992

[9] 杨昌鸣,庄惟敏.建筑设计与经济[M].北京:中国计划出版社,2003

[10] 邵颖红,黄渝祥.工程经济学概论[M].北京:电子工业出版社,2003

[11] 赵国杰.工程经济与项目经济评价[M].天津:天津大学出版社,1999

[12] 傅家骥,仝允桓.工业技术经济学[M].第3版.北京:清华大学出版社,1996

[13] 陶树人.技术经济学[M].北京:经济管理出版社,1999

[14] 肖笃笙.工程投资经济分析[M].北京:机械工业出版社,1987

[15] 注册咨询工程师(投资)考试教材编写委员会.项目决策分析与评价[M].2012年版.北京:中国计划出版社,2011

[16] 注册咨询工程师(投资)考试教材编写委员会.现代咨询方法与实务[M].2012年版.北京:中国计划出版社,2011